A REVOLUÇÃO NAS COMPRAS

BARBARA E. KAHN

A REVOLUÇÃO NAS COMPRAS

ACTUAL

TÍTULO ORIGINAL
The Shopping Revolution. How Successful Retailers Win Customers in an Era of Endless Disruption

Inicialmente publicado por Wharton Digital Press
The Wharton School
University of Pennsylvania

AUTORA
Barbara Kahn

CONJUNTURA ACTUAL EDITORA
Sede: Rua Fernandes Tomás, 76–80, 3000-167 Coimbra
Delegação: LEAP CENTER – Espaço Amoreiras
Rua D. João V, n.º 24, 1.03
1250-091 Lisboa – Portugal
www.actualeditora.pt

TRADUÇÃO
Rita Caetano

REVISÃO
Inês Castelhano

CAPA
FBA

PAGINAÇÃO
Aresta Criativa – Artes Gráficas

IMPRESSÃO E ACABAMENTO
ARTIPOL - www.artipol.net
Setembro de 2019

DEPÓSITO LEGAL
461584/19

ACTUAL | GRUPOALMEDINA

Biblioteca Nacional de Portugal – Catalogação na Publicação

KAHN, Barbara E.

A revolução nas compras: como retalhistas
de sucesso conquistam clientes numa era de
intermináveis agitações. - (Fora de coleção)
ISBN 978-989-694-423-0

CDU 658

Dedico este livro ao meu marido, Bob Meyer,
que me apoiou com toda a paciência e amor
durante todo o processo da escrita,
e aos meus filhos, Alyssa e Tim, que são sempre
fontes inesgotáveis de inspiração.

ÍNDICE

PREFÁCIO

Ao longo das duas últimas décadas, temos assistido a uma sofisticação por parte dos clientes, muito potenciada pela tecnologia, que tem colocado desafios muito fortes de sobrevivência a retalhistas há muito instalados no mercado, ao mesmo tempo que tem estimulado o aparecimento de outras empresas, tipicamente nativas digitais, que têm sido apontadas como a causa do desaparecimento de muitas lojas físicas, em particular nos Estados Unidos.

No livro *A Revolução nas Compras*, Barbara Kahn vem propor uma abordagem — «A Matriz Kahn de Sucesso» — que, por um lado, mapeia de forma exaustiva os principais atores do retalho mundial atual e, por outro, pode servir de base à definição da estratégia para os retalhistas que se pretendem manter na arena extremamente competitiva do mercado do retalho, com uma proposta de valor clara e distintiva para os seus clientes.

A matriz propõe que olhemos para as estratégias de retalho através de 4 dimensões: marca, experiência, preço e conveniência. Com este modelo de base para enquadrar as diferentes estratégias, compreendemos como empresas como a Amazon, a Zara, a Sephora ou a Farfetch, entre outras, se posicionaram face à transformação importante do negócio do retalho. A autora explica em detalhe cada uma das dimensões e dá exemplos muito práticos de como as diferentes empresas se conseguem destacar da concorrência ao apostar na combinação de uma posição forte em dois destes quadrantes, assegurando as expectativas básicas nos restantes dois.

Através desta abordagem, Barbara Kahn, professora de Marketing na Wharton School, da Universidade de Pensilvânia, consegue resumir de forma muito clara a proposta de valor distintiva de dezenas de empresas em diferentes áreas do retalho (moda, luxo, eletrónica, alimentar...), o que torna este livro numa referência incontornável para todos aqueles que trabalham no retalho ou que querem conhecer melhor a realidade deste mundo fascinante e em permanente transformação.

Paula Alves
Diretora de E-Commerce da FNAC Portugal

PREFÁCIO

O livro *A Revolução das Compras*, de Barbara Kahn, levanta a pergunta que vale milhões no mundo do retalho: **quais são as estratégias de sucesso numa era de infinita revolução?**

Através da partilha de *business cases* de algumas das maiores empresas a nível mundial, como a Amazon, Nike, Walmart, Sephora e o posicionamento de *players* digitais nativos como a Casper ou a Warby Parker, somos inspirados por uma matriz de 4 eixos que traduz a anatomia das suas estratégias de negócio — marca, experiência, preço e conveniência — e nos introduz em fórmulas de sucesso inovadoras, ao nível do negócio e comunicação omnicanal.

Ao contrário de outras matrizes tradicionais, a Matriz Kahn de Sucesso adiciona uma dimensão que é comum em todas as análises de casos e que para mim, profissional da área do retalho, é a fórmula de sucesso para qualquer empresa: **o foco no cliente e a obsessão por compreender e antecipar as suas expectativas em todos os pontos de contacto da sua jornada de compra.**

O cliente mudou com a transformação digital e hoje a expectativa de produto e a perceção de serviço na área do retalho são influenciadas pelas experiências com qualquer outro conceito inovador. Dos modelos de subscrição do sector do entretenimento, ao modelo de *renting* ou actividades de *sharing*, as expectativas dos nossos clientes mudam todos os dias, ao ritmo da mudança tecnológica, da oferta de novas soluções e da partilha destas experiências no mundo online. Por isso, hoje, mais do que nunca, é crítico conhecer os pontos de satisfação e os pontos de dor do nosso cliente nas várias jornadas de consumo e desenvolver estratégias de superação de expectativas com três fatores: **inovação, criatividade e rapidez.**

Esta revolução implica novos ambientes de trabalho com novas equipas e novas competências, mas também o foco em novas métricas de cliente, que devem ser trazidas para o centro das grandes decisões, como, por exemplo, a intenção de compra online, o índice de satisfação com a experiência ou o índice de esforço do cliente.

Ao longo da leitura do livro de Barbara Kahn, desvendamos as principais estratégias que marcam o ritmo da revolução omnicanal, mas, acima de tudo, inspiramo-nos com grandes *insights* para escrever o futuro do retalho. Antecipar as expectativas dos nossos clientes não só cria oportunidades de contar boas histórias de inovação como cria oportunidades para qualquer empresa liderar nesta era de infinita revolução.

Margarida Silva
Brand & Marketing Manager FNAC PORTUGAL

Introdução:
tumulto no mundo do retalho

Chamem-lhe «apocalipse». Chamem-lhe «rutura.» Chamem-lhe «revolução». Qualquer que seja a designação, está a alastrar pelo retalho, a destruir marcas antigas estabelecidas e a mudar a própria experiência de compras. Em 2016, a Sports Authority encerrou 460 lojas, a Walmart fechou 269, a Aeropostale 154, a Kmart/Sears 78, a Ralph Lauren pelo menos 50 e a Macy's fechou 100. A onda de destruição acelerou em 2017, com mais de 8 mil encerramentos de lojas anunciados.

Não são apenas as cadeias que reduzem o número de lojas: estão a desaparecer retalhistas importantes do panorama comercial. As declarações de falência dos retalhistas nos EUA praticamente duplicaram em 2016 e, em 2017, mais 20 retalhistas importantes pediram proteção à insolvência, incluindo intervenientes destacados como a Toys "R" Us, a hhgregg, a Gymboree e a RadioShack. As previsões para o futuro próximo indiciam que vão seguir-se mais retalhistas.

É evidente que o retalho como o conhecemos está a mudar e, consequentemente, a própria experiência de consumo. Os retalhistas enfrentam um mercado radicalmente transformado que apresenta desafios bastante significativos para os intervenientes, caso queiram continuar a competir — e se quiserem evitar o círculo vicioso de encerramento de lojas e falência.

O que está a causar toda esta rutura? Quais as forças responsáveis pela revolução no retalho? Vejo sete tendências disruptivas principais, começando pelo elefante no meio da sala: o domínio revolucionário da Amazon.

7 forças que estão a transformar o retalho

Não existe uma dinâmica singular neste contexto. Pelo contrário, há vários fatores que convergem para alterar a realidade do retalho global.

1. O domínio da Amazon que mudou o jogo

A chegada da Amazon mudou completamente as expectativas dos consumidores em relação às compras. Com início em 1997, a Amazon introduziu as compras à distância de «1-Click», que eliminaram a necessidade de os clientes voltarem a preencher a informação relativa ao pagamento sempre que faziam uma compra. Isto deu início a uma longa história de inovação em que a Amazon sistematicamente removeu as partes chatas no processo de compra. Introduziu envios grátis, políticas de devoluções pouco convencionais, tarifas dinâmicas e recomendações e críticas personalizadas.

A Amazon ofereceu também a «montra interminável», uma variedade bastante alargada com mais de 1 milhão de SKU (unidade de manutenção de *stock*) disponíveis online. Conseguiu-o facilitando a revendedores pequenos vender online através da plataforma Amazon Marketplace. Em 2005, a Amazon apresentou o Amazon Prime, o mais recente programa de fidelização, que atualmente tem dezenas de milhares de membros no mundo inteiro. Em 2006, a empresa lançou o Amazon Web Services (AWS), para permitir aos pequenos retalhistas competirem com concorrentes maiores, facultando-lhes capacidade no servidor. Hoje, a rentabilidade que provém do AWS e das taxas da plataforma «Amazon Marketplace» permite à Amazon diminuir ainda mais as margens do seu negócio de retalho. Por fim, a Amazon continua a inovar, desde investimentos em robótica e *drones* a aparelhos como o Amazon Echo.

2. Compras omnicanal

Também há mudanças significativas a ter lugar no processo de compras propriamente dito. As pessoas estão a comprar mais online; as estimativas atuais são que as compras online representam 30% do retalho total. O comércio móvel também cresceu, há algumas estimativas que sugerem um aumento de 2%, em 2012, para 31%, em 2016, nos Estados Unidos da América.

Com a ubiquidade dos telemóveis e o seu papel central na experiência de compras, as pessoas esperam estar continuamente ligadas à informação. Querem gratificação imediata e satisfação quando a solicitam, e esperam experiências de compra de alta qualidade.

Tudo é mais fácil no telemóvel. É mais fácil obter informação, clicar na compra e publicar uma crítica. Os pagamentos móveis também estão a facilitar as compras nas lojas físicas. Na perspetiva do retalhista, se os consumidores podem ser treinados para usar as suas aplicações móveis, o retalhista pode ter o consumidor como alvo de promoções ou facultar-lhe informação enquanto anda pela loja.

Mas comprar não é realmente um canal ou outro; é uma experiência de canal omnipresente, o que significa que os consumidores esperam uma integração perfeita entre todos esses canais.

3. Recolha de dados em massa

Com esta integração perfeita em todos os canais, é possível gravar imensos dados do cliente. Extrair esses dados através de técnicas de inteligência artificial permite aos retalhistas personalizarem e ajustarem as experiências de compras.

Propostas personalizadas incluem negócios oferecidos individualmente, na altura certa, no lugar certo. O marketing no geral é mais ajustado e os websites transformam-se em função do comportamento passado. Mesmo o comportamento dentro de loja pode ser individualizado à medida que os consumidores aprendem a usar as aplicações dentro da loja para obterem preços e informações sobre os produtos.

Um melhor uso dos dados pode ajudar os retalhistas a adaptarem-se às tendências mais rapidamente e a facultarem melhor informação nos locais de venda. Melhores dados também resultam numa previsão mais precisa, o que pode ajudar os retalhistas a tornarem-se mais simples e eficientes e a tornarem a logística mais eficaz.

Para rentabilizar os dados destas formas, é necessário recorrer a especialistas em dados sofisticados e levar a cabo bastante interação com os clientes para recolher dados suficientes para se chegar a conclusões. Alguns retalhistas como a Amazon e supermercados interagem com os clientes, se calhar, uma ou duas vezes por semana, enquanto outros, como os grandes armazéns, recolhem dados das interações com clientes apenas duas ou três vezes por ano. Isto sugere que os retalhistas que não têm uma frequência alta de interação podem ter de estabelecer parcerias com outras entidades, como a Google ou a Facebook, ou até com outros retalhistas ou marcas, para recolherem informações.

4. Novas tecnologias

Para além dos algoritmos que estão a ser desenvolvidos a partir da inteligência artificial e da aprendizagem automática, em resultado da recolha de dados extensos, há novos avanços importantes na tecnologia, tanto na loja como em casa, que vão mudar as experiências de compras.

Os retalhistas depositam grande esperança nas vantagens que vão surgir através da realidade virtual e da realidade aumentada. Já é possível os clientes explorarem um ambiente de completa realidade virtual para decidirem se querem comprar determinado produto. Por exemplo, se alguém está a pensar comprar uma tenda, essa tenda pode ser observada no cume de uma montanha em 3D; é possível andar à volta da tenda e entrar lá dentro.

A realidade aumentada também está a ser usada por alguns retalhistas inovadores. Na área da beleza, os clientes podem colocar maquilhagem virtual nos rostos reais. Na decoração de interiores, os clientes podem pôr um sofá virtual nas suas salas de estar. A Warby Parker usa uma combinação de reconhecimento facial e realidade aumentada para permitir aos clientes experimentarem óculos; em breve, esta prática vai incluir também exames oftalmológicos.

Algumas lojas de Pequim e Xangai também estão a testar compras sem contacto, ou lojas de alta tecnologia, completamente automatizadas, sem funcionários, e que permitem às pessoas comprar produtos sem filas de pagamento. A Amazon tem lojas que permitem este tipo de compras, mas não eliminou os vendedores. A Walmart está a testar uma loja sem funcionários que vai abrir em Long Island no final de 2018.

5. Integração vertical

A integração vertical trata de integrar a cadeia de valor do retalho, de maneira à marca fazer a produção, a promoção e a distribuição. Os produtos podem ir diretamente da fábrica para o consumidor ou através da loja própria da marca ou do *showroom*, eliminando a necessidade de um canal de retalho multimarca e as margens correspondentes. Isto normalmente permite que se vendam produtos de maior qualidade a preços mais baixos.

As marcas de luxo também estão a optar pela via direta — não necessariamente para reduzir preços, mas para aumentar serviços, personalização e preservação da narrativa da marca.

Muitas das novas «marcas verticais nascidas no mundo digital» que competem no segmento da alta qualidade a baixo custo apresentam a transparência de preço enquanto parte do valor para o cliente. A integração vertical permitiu a diminuição dos tempos de entrega, melhores políticas de devoluções e acesso total a informação e inventário.

A integração vertical pode também proteger alguns retalhistas e marcas de terem de competir com as estratégias de preços impiedosas da Amazon. As vantagens da integração vertical são o potencial para baixar os custos e aumentar o controlo de qualidade e experiência do cliente. Pode também haver um controlo melhor da cadeia de fornecimento, o que, consequentemente, faculta benefícios à gestão de inventários. Por outro lado, a distribuição direta pode envolver grandes volumes de capital inicial e infraestrutura, e é muitas vezes mais fácil para as *start-ups* de pequena dimensão expandirem juntando-se a um retalhista bem estabelecido como a Amazon ou grandes armazéns.

6. Excesso de lojas dos EUA

Mesmo sem todas estas alterações na tecnologia e na recolha de dados, era inevitável haver um abanão no retalho físico, uma vez que os EUA «têm lojas em demasia». Simplesmente, há demasiada oferta.

Entre 1970 e 2013, o número de centros comerciais nos Estados Unidos cresceu mais do dobro em relação à população. Os Estados Unidos têm cinco vezes mais espaços comerciais *per capita* do que o Reino Unido e 10 vezes mais do que a Alemanha.

A indústria tem estado a construir novas lojas mais depressa do que os consumidores conseguem gastar nos espaços comerciais. Há vários motivos para as previsões falhadas. Nalguns casos, os promotores construíram mais lojas em áreas em que a população estava a diminuir, como em Cleveland. Noutras áreas, como Phoenix e Atlanta, construíram-se lojas antecipando aumentos de população que não aconteceram devido à bolha imobiliária. A Grande Recessão não ajudou, pois as pessoas começaram a gastar menos. Outro fator é que as lojas estão nos sítios errados: as tendências demográficas mostraram que as pessoas estão a mudar-se novamente para as cidades, mas muitas das lojas foram construídas em centros comerciais suburbanos. As visitas aos centros comerciais desceram 50%, entre 2010 e 2013, e quando lojas âncora como a Macy's abrem falência, levam consigo o centro comercial inteiro.

Em resposta, estão a ser construídas lojas com um impacto menor, sobretudo nas áreas urbanas. Os retalhistas estão a mudar o formato de vendas para *showroom* para apoiarem as compras online. Estão também a desenvolver centros de distribuição onde os clientes podem ir buscar as encomendas feitas online ou fazer trocas e devoluções. Vemos cada vez mais lojas *pop-up*, que podem oferecer uma melhor economia porque não precisam de estar abertas 365 dias por ano nem precisam de estar permanentemente equipadas. Em vez disso, podem ser usadas de forma estratégica para tirar partido no curto prazo e criar perceção da marca, promover inovação e suplementar a alta procura sazonal.

Entretanto, alguns dos retalhistas e marcas mais fortes estão a abrir lojas de referência grandes e bonitas nos centros globais do comércio. Estas lojas de referência não são necessariamente concebidas para vender produtos, mas para fortalecer a marca e facultar experiências interativas que aumentam a fidelização do cliente.

7. Uma nova geração de clientes: a Geração Z

A comunicação social está repleta de discussões sobre o poder dos *millennials*. A Accenture estima que o poder de compra desta geração vai situar-se algures nos 1,4 triliões de dólares em 2020, o que representa 30% das vendas globais. Mas há uma nova geração no mercado. A geração Z, ou Gen Z — nascida em meados dos anos 90 e que está a sair agora da faculdade —, vai compor 40% da base de consumo em 2020; atualmente, também influencia os gastos dos agregados familiares. Uma estimativa coloca o poder de compra desta geração nos 44 mil milhões de dólares.

Uma grande diferença entre os *millennials* e a Gen Z é que os *millennials* passaram pela Grande Recessão, enquanto a Gen Z cresceu em anos de maior abundância. Isto torna-os, de alguma maneira, menos conscientes dos preços. São também mais atentos a questões de sustentabilidade.

Os da Gen Z não são tão leais a marcas como os das gerações passadas porque estão habituados a ver marcas digitais a surgirem praticamente da noite para o dia e sentem-se à vontade a facultar os dados pessoais — mas são suficientemente avançados para exigir que os dados sejam protegidos.

Como os *millennials*, os consumidores da *Gen Z* são nativos digitais e estão habituados às compras online. Mas estes novos compradores não rejeitam as lojas físicas. Contudo, têm expectativas diferentes em relação às experiências que vivem nas lojas. Esperam encontrar e adotam a presença de tecnologia nas lojas; sentem-se confortáveis com ecrãs de compras interativos, pagamentos não assistidos, a experimentar produtos virtualmente e com outras experiências. Enquanto esperam que as lojas ofereçam experiências de compras divertidas e interativas, também esperam uma conveniência extrema. E as lojas que não estão à altura deixam de lhes interessar.

A Gen Z não quer «coisas», quer experiências. Em parte, deve-se ao facto de lucrarem com as partilhas de fotos que fazem nas redes sociais. É mais provável que aluguem ou partilhem produtos; não precisam de ter coisas deles. À medida que adotam estas tendências, os americanos mais velhos seguem-nos.

A Gen Z sente-se também confortável a comprar em multicanais e está bastante habituada a usar o telemóvel a par das compras em lojas físicas. Valoriza as críticas dos consumidores. É sofisticada nas comparações de preços; tem mais acesso aos dados dos preços e faz cálculos quanto aos preços. Mas isto não quer dizer que não aprecie o luxo. Como em outras gerações, há uma enorme heterogeneidade na sensibilidade aos preços.

Sentem-se também à vontade na pesquisa de informações, antes de fazerem compras, portanto, são mais exigentes e esperam mais dos empregados das lojas físicas. As redes sociais são parte do quotidiano, onde partilham fotografias das experiências e dos produtos.

Como podem os retalhistas competir neste mercado?

Uma das chaves para o sucesso atual da Amazon e da Walmart na disrupção do retalho em meados dos anos 90 é uma compreensão profunda daquilo que os clientes querem. Os retalhistas vencedores têm de ser completamente centrados no cliente. Isto significa que têm de ter em mente não só os produtos que os clientes querem, mas também a importância da conveniência — saber simplificar o processo da compra.

Para além disso, considerando o nível de competitividade do mercado, nos dias de hoje, não é apenas importante colmatar as necessidades dos clientes, mas fazê-lo de uma forma ainda melhor do que a da concorrência. Para além de volumes colossais de dados sobre o cliente, é também necessário haver um acompanhamento das ações da concorrência e saber antecipar inovações e respostas futuras. Por fim, é essencial estar a par da evolução constante das tecnologias.

Por mais assustadora que a ameaça da Amazon pareça para muitos, ainda há vários retalhistas que estão a sair-se bastante bem neste novo mundo. É esse o principal objetivo do livro *A Revolução nas Compras* — explicar como estão a fazê-lo. Não só identifico e analiso a estratégia impressionante da Amazon, como esclareço como outras estratégias de retalhistas continuam a gerar lucros elevados e crescimento.

Porque escrevi este livro

Na qualidade de professora de marketing na Escola Wharton, da Universidade da Pensilvânia, tive a oportunidade única de estudar o panorama dinâmico do retalho durante muitos anos. De janeiro de 2011 até julho de 2017, dirigi o Centro de Retalho Jay H. Baker, na Escola Wharton.

Ao longo desses anos, tive longas conversas com CEO e executivos de topo das maiores retalhistas do país, incluindo a Macy's, Saks, Lord & Taylor, Nordstrom, Ralph Lauren, Tory Burch, Costco, Walmart/Jet.com, Victoria's Secret, Barneys, LVMH, Estée Lauder, Stuart Weitzman, Sephora, Michael Kors, Coach, PVH, Alice and Olivia, Burlington, Perry Ellis, Vince, Ascena, Spirit, Walgreens/Duane Reade, Haddad Brands, Modell's e a Williams-Sonoma, entre muitas outras. Tive também a oportunidade de trabalhar com algumas das mais recentes *start-ups*, como Warby Parker, Bonobos, Birchbox, Harry's, Allbirds, Glossier, Story, Tommy John, Eataly, Rebecca Minkoff, e muitas outras.

Para além destas conversas, li religiosamente jornais e revistas sobre o negócio do retalho e, claro, levei a cabo a minha própria pesquisa preliminar para tentar entender e prever os processos de tomada de decisão do cliente nos contextos do retalho e de serviços de saúde.

A minha pesquisa aprofundada no retalho levou-me a compreender o que as empresas precisam para competir nos dias de hoje. Traduzi essas conclusões num enquadramento estratégico que explica simultaneamente como as empresas de sucesso estão a sobreviver e a prosperar no contexto do retalho atual e onde existem oportunidades para os retalhistas que precisam de uma estratégia mais competitiva, assim como *start-ups* que procuram uma maneira de entrar no mercado.

No Capítulo 1, apresento a matriz Kahn de sucesso no retalho, que se baseia em dois princípios de marketing simples:

1. Os clientes querem comprar algo que desejam (benefícios do produto) a alguém em quem confiam (experiência do cliente).
2. Para conquistar clientes, os retalhistas têm de oferecer produtos e experiências melhores do que os da concorrência.

Nos capítulos que se seguem, analiso as estratégias de dezenas de empresas de sucesso recorrendo a esta matriz. No Capítulo 2, vai ler sobre como o foco minucioso da Amazon na conveniência do cliente foi uma estratégia vencedora. No Capítulo 3, exploro como a Walmart e outras retalhistas potenciam os preços baixos para serem líderes. No Capítulo 4, centro-me na forma como marcas verticalmente integradas estão a ganhar, desde a Warby Parker, Bonobos e Casper, à Trader Joe's e à Zara. No Capítulo 5, vai aprender sobre as estratégias de retalho para o segmento de luxo, onde os preços baixos e a acessibilidade são indesejáveis. Por fim, no Capítulo 6, vai ver como competir em relação à experiência do cliente. A Eataly e a Story, as experiências de caça ao tesouro oferecidas pela Costco ou T.J.Maxx ou o panorama emocionante da indústria de produtos de beleza sempre diferente da Sephora, todos demonstram a atração pelo envolvimento emocional e sensorial.

Como Al Sambar, especialista de retalho na Kurt Salmon, diz:

> Se entendermos o nosso cliente o suficiente para sermos o fornecedor exclusivo em quem confia para lhe trazer um produto ou serviço que deseja, não terá com que se preocupar em relação à Amazon. Mas a maioria das marcas deve assumir que os seus clientes interagem com a Amazon 10 a 50 vezes mais frequentemente do que fazem nos atuais canais de distribuição. A confiança segue-se à frequência. A Amazon está a ganhar aos pontos em termos de frequência. Por isso, até as melhores marcas têm de ter cuidado.

Competir neste mercado em constante mudança não é fácil, mas pode ser feito, se estiver comprometido a começar a viagem agora.

CAPÍTULO 1

Ganhar vantagem competitiva: a matriz Kahn de sucesso no retalho

Neste capítulo:

- A matriz Kahn de sucesso no retalho
- Quatro estratégias de liderança que oferecem valor superior

Como é que a Amazon se tornou a retalhista de eleição para grande parte da população norte-americana? Como é que a Walmart bateu outros supermercados nos finais dos anos 90 e se tornou líder no comércio alimentar? Como é que a Warby Parker deixou mossa na outrora intocável ótica lucrativa Luxottica? Como é que a Sephora afastou clientes dos grandes armazéns, outrora dominantes, para se tornar a loja de eleição de produtos de beleza?

A resposta é que cada um destes retalhistas aumentou as expectativas dos clientes em pelo menos uma dimensão de valor chave: a Walmart focou-se nos preços baixos. A Amazon optou pela conveniência. A Warby Parker ofereceu óculos modernos de marca a *millennials* e a Sephora lutou por oferecer ao consumidor uma experiência superlativa na loja. Cada uma, portanto, tornou-se líder de mercado para os segmentos específicos de clientes, e alcançou um sucesso enorme.

Mas, no mundo competitivo do retalho dos dias de hoje, manter uma posição de liderança baseada apenas num aspeto do valor do cliente — uma área de excelência — não é suficiente. É por isso que cada uma destas empresas também potenciou uma vantagem inerente numa dimensão e ofereceu excelência numa *segunda* dimensão.

Atualmente, a Amazon não só oferece conveniência no processo de compra, mas também garante preços muito baixos.

A Walmart comprou a Jet.com para alargar a sua plataforma de preço mais baixo e oferecer conveniência online. A Warby eliminou o intermediário e passou a oferecer óculos diretamente ao utilizador final, alcançando uma poupança considerável nos custos. A Sephora construiu um programa enorme de fidelização que combinou as experiências de loja e online para construir uma experiência personalizada, conveniente para cada um dos clientes.

Estes retalhistas oferecem exemplos individuais de estratégias de sucesso. Para generalizar estas abordagens de sucesso de maneira que qualquer retalhista consiga delinear o seu próprio plano estratégico, construí um enquadramento que é suficientemente flexível para ser usado por diferentes retalhistas verticais e segmentos de clientes. Neste capítulo, analiso este enquadramento e explico as consequências da implementação das orientações estratégicas.

Delinear estratégias de sucesso no retalho: a matriz Kahn de sucesso no retalho

Falta uma dimensão crítica à maioria dos enquadramentos clássicos de estratégia de retalho: a perspetiva do cliente. É uma omissão significativa e surpreendente.

Afinal, quando os clientes vão às compras, querem comprar algo que *valorizam* (benefícios do produto) a alguém em quem *confiam* (experiência do cliente). Se os clientes compram estes produtos offline ou online depende de onde estiverem, com quem estão e de quanto tempo têm disponível.

Uma perceção relacionada que muitas estratégias de retalho aparentemente esquecem é que, nos dias de hoje, mais do que nunca, os clientes têm imensas escolhas e inclinam-se para os retalhistas que lhes oferecem o melhor valor nas dimensões que lhes interessam. Por outras palavras, os retalhistas têm de facultar algum tipo de *vantagem competitiva superior* além do que a concorrência oferece. Este valor superior pode ser oferecido através de mais prazer e benefícios para os clientes ou eliminando chatices e inconvenientes à experiência de compra.

Figura 1.1. A matriz Kahn de sucesso no retalho

Vantagem competitiva superior	*Benefícios do produto*	*Experiência do cliente*	
	Marca do produto Classificados com superioridade de desempenho WARBY PARKER Saks Fifth Avenue	**Experiencial** Experiência de cliente melhorada EATALY SEPHORA	*Aumentar o prazer*
	Preço baixo Excelência operacional, Custos mais baixos, eficientes Walmart COSTCO WHOLESALE T·J·maxx Burlington	**Fluidez** Compreensão extensa do cliente e conveniência total amazon	*Eliminar pontos problemáticos*

Proposta de retalho

Estas duas ideias resultam numa matriz simples 2 × 2 que é surpreendentemente eficaz na categorização das estratégias de retalho com mais sucesso atualmente. O enquadramento é muito flexível e é relevante para diferentes retalhistas verticais.

Estabelecer estratégias neste enquadramento também faculta um mecanismo para medir o progresso na oferta deste valor relativo às expectativas do cliente e às ações da concorrência (ver Figura 1.1).

A «Proposta de retalho», o eixo horizontal desta matriz 2 × 2, representa o primeiro princípio: os clientes querem comprar algo que desejam (benefícios do produto) a alguém em quem confiam (experiência do cliente). «Vantagem competitiva superior», o eixo vertical, representa o segundo princípio: para conquistar clientes, os retalhistas têm de oferecer produtos e experiências melhores que os da concorrência.

Esta matriz estabelece quatro estratégias básicas. As duas primeiras, ilustradas na linha de cima, diferenciam-se ao oferecer mais prazer e benefícios; as duas segundas estratégias, ilustradas na linha de baixo, diferenciam-se ao eliminar pontos problemáticos.

1. Lidere na marca: ofereça superioridade na marca do produto

Os retalhistas no quadrante da marca do produto oferecem produtos de marca que trazem maior diferenciação, valor, prazer e, em última análise, mais *confiança* a um determinado segmento de clientes, quando comparados com outros produtos no mercado. Neste caso, estou especificamente a referir-me ao valor que advém do *produto de marca*. É a equidade da marca do produto que traz os clientes à loja.

Os retalhistas têm várias formas para potenciar o valor oferecido através de produtos com um forte valor de marca. Primeiro, há retalhistas de multimarcas que produzem várias linhas de produtos de marca fortes que «puxam» o cliente para a loja.

A Nordstrom, a Saks, a Best Buy ou a Kroger são bons exemplos. A marca própria do retalhista (como a Saks) pode também ser um chamariz, mas aqui o foco diferenciado está nos produtos de marca mais conhecidos e respeitados. Estes retalhistas podem também oferecer uma marca própria ou marcas de loja, mas estas marcas próprias costumam diferenciar-se oferecendo um preço vantajoso — em vez da qualidade e superioridade oferecida pelas marcas mais poderosas.

Outros retalhistas neste quadrante irão incluir marcas de alta qualidade vendidas diretamente ao consumidor final. São conhecidas como marcas verticais e o nome do produto de marca é o mesmo que o da marca do retalhista. Como exemplo temos marcas de luxo como a Louis Vuitton ou a Hermès, retalhistas de produtos específicos, como a Lululemon ou a Zara, ou as marcas verticais digitalmente nativas mais recentes, como a Warby Parker ou a Glossier.

Em todos estes casos, estas marcas desenvolveram ligações emocionais profundas com os consumidores e uma narrativa forte; os clientes costumam tornar-se defensores da marca. Nos mercados de luxo, estas marcas têm herança, exclusividade e prestígio. Quanto às marcas não luxuosas, têm uma identidade forte e valores com que os clientes se identificam. Estas marcas oferecem um «ponto de vista» — e uma cultura de marca à qual os consumidores querem ser associados.

Para além de produtos de marca forte, os retalhistas que se destacam nesta estratégia são normalmente muito bons comerciantes. O analista de retalho e jornalista Walter Loeb descreve *merchandising* como «a capacidade instintiva de escolher os itens certos para completar as apresentações de mercadoria.»

Prossegue: «os melhores comerciantes sabem intuitivamente como selecionar produtos cuidadosamente e garantir que as suas gamas mais recentes são adequadas à moda, são modernas, atrativas e em sintonia com outra mercadoria que os clientes já compraram».

Os retalhistas neste quadrante também se destacam no design e no estilo. O desafio é conseguir prever com precisão a «próxima» tendência. As gamas de produto têm de ser fáceis de produzir e têm de estar alinhadas com os valores da marca; isto envolve curadoria (sobretudo nas lojas físicas) ou a filtragem certa e estrutura de categorização, se as gamas estiverem online, assim como atentar na «cauda longa». Por fim, os líderes neste quadrante podem também competir em tecnologia de ponta. No geral, os líderes aqui são bem-sucedidos a desenvolver uma cultura inovadora em que se adotam novas ideias e se comercializam rapidamente.

2. Lidere na experiência: ofereça uma experiência de cliente melhorada

Os retalhistas no quadrante Experiencial oferecem uma experiência física ao cliente que proporciona mais prazer, entusiasmo e *diversão* do que os outros conseguem oferecer. A Eataly, a Whole Foods, a Story, a Build-A-Bear e a Sephora são bons exemplos. Nestes casos, a viagem do cliente é mais experiencial e é encarada como uma escolha de estilo de vida, não uma tarefa. Trata-se de uma experiência de contacto intenso, social.

Até os retalhistas tradicionais podem acrescentar componentes experienciais às tarefas rotineiras de compras. Por exemplo, a Duane Reade dividiu as lojas em centros direcionados para a saúde, beleza e alimentação — em que cada um oferece experiências de contacto intenso como avaliação clínica, tratamentos de cabelo e unhas e serviços de alimentação dentro da loja. A Costco torna a experiência das compras divertida, treinando os clientes a entender que jamais poderão sequer saber quais as marcas que estarão disponíveis num dado momento. Isto promove uma sensação de entusiasmo e descoberta no contexto loja. A T.J.Maxx e a Burlington também promovem este tipo de experiência de caça ao tesouro, o que incita os clientes a voltarem à loja frequentemente para verem quais as marcas inesperadas e os estilos que podem estar disponíveis.

Para além disso, a viagem do cliente não tem de acabar na caixa. Por exemplo, a Blue Apron, a Hello Fresh e a Plated mudaram a experiência da compra de alimentação: fazem as compras para o cliente, o valor que aqui acrescentam é de facto ajudar o cliente a preparar as refeições. Os alimentos são pré-medidos e as receitas são incluídas, portanto, aqui a experiência é na própria casa do cliente, não na loja. Os retalhistas que oferecem serviços de subscrição, como a Harry's, a Stitch Fix ou a Birchbox, também levam a experiência do cliente até casa.

Outros retalhistas experienciais oferecem formação. Por exemplo, a Eataly e a HEB oferecem aulas de culinária e vínicas, assim como serviços de *catering*. A Sephora e a Ulta permitem aos clientes experimentar e conhecer os produtos com acesso interativo. Modelos de *showroom*, como os da Warby Parker e da Bonobos, permitem ao cliente tocar e sentir o produto, interagir com vendedores especializados e depois comprar os produtos que pretende online.

Outros retalhistas aumentam a experiência do cliente na loja tornando-se centros comunitários e organizando eventos como leituras de livros, conversas com celebridades e encontros entre a comunidade. As marcas viradas para o estilo de vida disponibilizam muitas vezes aulas de aeróbica, paredes de escalada e campos de basquetebol. As lojas *pop-up* dentro das próprias lojas oferecem entusiasmo, «novidade» e inovação.

Os componentes experienciais podem ser acrescidos digitalizando a experiência das compras na sua integralidade, de maneira que a experiência na loja física possa construir-se tendo em conta os comportamentos online. Por exemplo, os retalhistas podem usar sinalizadores na loja, espelhos inteligentes ou painéis de exposição interativos para ligar os padrões de compra dos clientes na loja aos comportamentos online — e assim oferecer aconselhamento personalizado, sugestões e promoções.

Este tipo de experiência totalmente digitalizada apresenta uma verdadeira oportunidade para o retalho no futuro. Vários estudos revelaram que as expectativas neste domínio são muito baixas para a maioria dos retalhistas e, segundo um estudo de 2016 da Kurt Salmon, 60% das experiências digitais na loja física são percecionadas como medianas ou abaixo da média pelo cliente. Outro estudo levado a cabo pela nChannel mostra que 84% dos clientes acreditam que os retalhistas não estão a fazer o suficiente para integrar as experiências online e offline.

3. Lidere no preço baixo: ofereça excelência operacional, eficiência aos preços mais baixos

Os retalhistas no quadrante do Baixo preço disponibilizam produtos ou serviços fiáveis aos preços mais baixos e, portanto, oferecem aos clientes as melhores *poupanças*. Os retalhistas que conseguem consistentemente oferecer os preços mais baixos desenvolveram modelos operacionais capazes de gerir inventário com eficácia, manter as despesas gerais baixas, eliminar passos intermédios desnecessários e reduzir os custos das transações a cada etapa. A Walmart, a Costco, a T.J.Maxx e a Burlington são bons exemplos.

Os retalhistas que oferecem estratégias de excelência operacional, como definido originalmente por Michael Treacy e Fred Wiersema em *The Discipline of Market Leaders* (1995), são aqueles que procuram formas criativas de minimizar os custos gerais e de eliminar custos desnecessários nas transações. Também oferecem fiabilidade e eficiência, um excelente serviço de cliente e políticas de devoluções fortemente focadas no cliente. Estes retalhistas constroem os seus modelos de negócio inteiramente em redor destes objetivos.

Os líderes desta categoria identificam frequentemente formas criativas para alcançar vantagens de custo que superem a concorrência. Por exemplo, ao perseguir uma estratégia de baixo preço, os fundadores da Warby Parker e co-CEO, Neil Blumenthal e Dave Gilboa, perceberam que, se vendessem óculos diretamente aos clientes finais online (quando 98% das compras eram historicamente feitas nas lojas físicas), conseguiam reduzir significativamente as margens.

Nos anos 60, Sam Walton, fundador da Walmart, reconheceu que as estratégias de preço «alto-baixo» que estavam a ser usadas pela maioria dos grossistas na altura resultavam numa procura irregular e em custos na gestão do inventário e distribuição. Para corrigir estas ineficiências, implementou uma estratégia de «preços baixos todos os dias» (EDLP) que permitiu à Walmart reduzir significativamente os custos através da redução dos dispendiosos picos e quedas na procura. Suplementou esta redução de custos revolucionando a forma como as empresas de retalho gerem a sua cadeia de fornecimento. A Walmart levou a cabo uma coordenação sem precedentes com os seus fornecedores, partilhando dados das vendas em tempo real com os fabricantes que lhes aprovisionavam as prateleiras.

4. Lidere na fluidez: ofereça conhecimento abrangente ao cliente e conveniência total

Os retalhistas no quadrante Fluidez dão primazia a uma experiência de cliente sem atritos, que elimina todos os pontos problemáticos e oferece aos clientes a forma *mais fácil* e conveniente de comprar. O resultado chave aqui é uma integração simples, contínua, da experiência das compras, em todos os pontos de contacto. Isto requer a recolha, obtenção e análise de todos os dados disponíveis sobre o cliente. Analisar constantemente os dados permite uma particularização e personalização. O melhor exemplo aqui é a Amazon — primeiro, através da sua plataforma online, subsequentemente, via a integração de pontos de entrega na loja física, armazéns e nas suas próprias lojas e, por fim, com os dados recolhidos nas casas conectadas. A Amazon também compete com eficácia neste quadrante, oferecendo um lugar para comprar tudo o que for necessário. A Amazon foi chamada a «loja que tem tudo». Esta capacidade de poder comprar o que se quiser quando se quiser torna as compras mais convenientes e fáceis. Isto também permite à Amazon interagir mais com os clientes, o que, por sua vez, disponibiliza mais dados.

Para serem bem-sucedidos neste aspeto, os retalhistas têm de identificar os pontos problemáticos atuais na experiência de compras. Por exemplo, de acordo com um inquérito a mais de 2 mil consumidores, levado a cabo em fevereiro de 2017 pela plataforma de pagamentos Adyen, o ponto problemático mais comum do cliente nas lojas *físicas* — mencionado por mais de 75% dos inquiridos — era esperar na fila; a segunda queixa mais comum centrava-se em vendedores insistentes e a terceira na pressão de fazer uma compra na loja.

Outros inquéritos obtiveram resultados similares, com mais inquiridos que nunca a indicarem que preferiam interagir com o telemóvel quando estão a comprar na loja física do que com um vendedor. No entanto, estas tendências não deviam ser lidas como uma indicação de que não existe valor na localização física; contrastando com as queixas, 60% dos inquiridos indicaram que gostavam da possibilidade de tocar e experimentar os produtos nas lojas, assim como da satisfação imediata de sair da loja com uma compra.

No seu conjunto, estes dados sugerem que uma característica chave dos retalhistas que operam neste quadrante tem de ser uma integração simples, contínua, da experiência das compras em todos os pontos de contacto do consumidor.

O desafio aqui é o que os consultores da Kurt Salmon chamaram «o paradoxo da experiência digital». Neste mundo da Internet das Coisas, os pontos de contacto digitais estão a aumentar — mas curiosamente estes pontos de contacto são controlados pelo consumidor e não pelo retalhista. Então, os retalhistas têm de potenciar os dados, ganhar a confiança total do consumidor e ir ao encontro das suas necessidades de forma proativa, para que se mantenha leal.

As métricas de fidelização, como angariação de clientes e custos de retenção, valor de longevidade do cliente e taxas de cancelamento, ajudam os retalhistas a identificar os clientes mais rentáveis que têm e a garantir que as necessidades deles são colmatadas. Os retalhistas bem-sucedidos neste quadrante estão constantemente a aumentar o número de pontos de contacto que têm com os clientes através da aprendizagem automática, programas de computador de inteligência artificial concebidos para conversação com os humanos, e outras estratégias para sistematizar a experiência do cliente e antecipar de forma proativa as necessidades e desejos futuros dos clientes.

Os benefícios para o cliente de cada um destes quadrantes estratégicos são ilustrados na Figura 1.2.

Figura 1.2. Matriz Kahn de sucesso no retalho: estratégias de sucesso

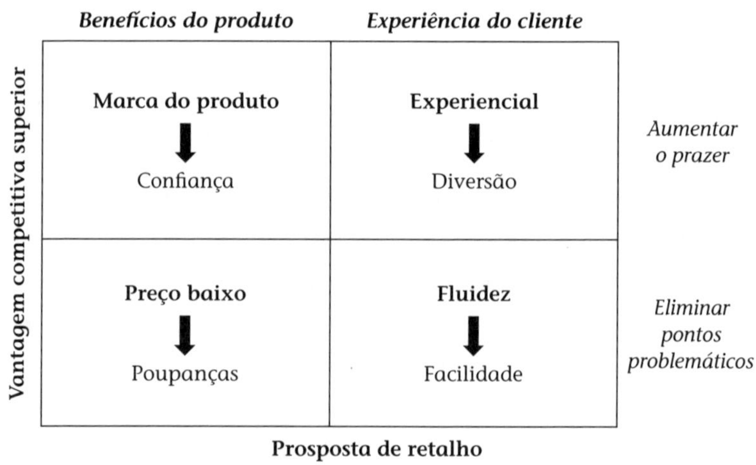

Traçar posições competitivas dos retalhistas com base na matriz Kahn de sucesso no retalho

A matriz Kahn de sucesso no retalho oferece uma forma de categorizar diferentes estratégias vencedoras, mas por si só não apresenta uma orientação estratégica. Para acrescentar essa dimensão, é útil pensar no ponto central da grelha enquanto origem ou ponto (0,0) de cada um dos quatro eixos individuais.

Em cada um destes eixos, podemos delinear as perceções dos clientes do valor trazido por qualquer retalhista observando essa estratégia específica. Quanto mais no exterior (isto é, na direção dos quatro cantos) os retalhistas estiverem em cada um dos eixos, melhor é o desempenho nessa dimensão; quanto mais próximos do ponto (0,0), menos eficazmente estão a oferecer valor. Por exemplo, se o desempenho de um retalhista no eixo da experiência na loja estiver traçado perto da origem, é porque, segundo o cliente, a experiência ficou aquém. Se a experiência da loja for bem classificada, como a Sephora seria, essa avaliação seria traçada mais afastada da origem.

No entanto, é difícil para os consumidores avaliarem os retalhistas de forma abstrata. É muito mais fácil determinarem se o retalhista está acima ou aquém das expectativas de valor em cada uma das dimensões. Portanto, antes de traçarmos a classificação de um retalhista em cada dimensão, temos de antecipar quais são os patamares das expectativas do consumidor: qual é o valor justo ou mínimo indispensável que tem de ser conseguido para ser considerado aceitável pelo consumidor em cada um dos quatro eixos? Tudo o que ficar abaixo desse patamar seria considerado desempenho inferior — e os retalhistas não conseguem sobreviver num mercado competitivo com um desempenho inferior. Por exemplo, as lojas da RadioShack estavam abaixo do patamar das expectativas do cliente em várias dimensões e, consequentemente, o retalhista faliu.

Na Figura 1.3, estas expectativas de valor justo são traçadas em forma de pequenas linhas em cada eixo. As expectativas do consumidor estão todas desenhadas de forma equidistante da origem, mas não tem de ser necessariamente assim. Quanto mais distantes os patamares das expectativas do consumidor estiverem da origem, maiores são as expectativas nessa dimensão, o que representa um mercado difícil em termos de concorrência para se competir e vencer. Para medir estes patamares de valor justo, deve ser levado a cabo um estudo de mercado especializado para aferir o que os consumidores esperam. Para mais informações sobre cálculos para determinar o valor justo, ver o Apêndice.

Figura 1.3. Matriz Kahn de sucesso no retalho: traçar uma posição competitiva

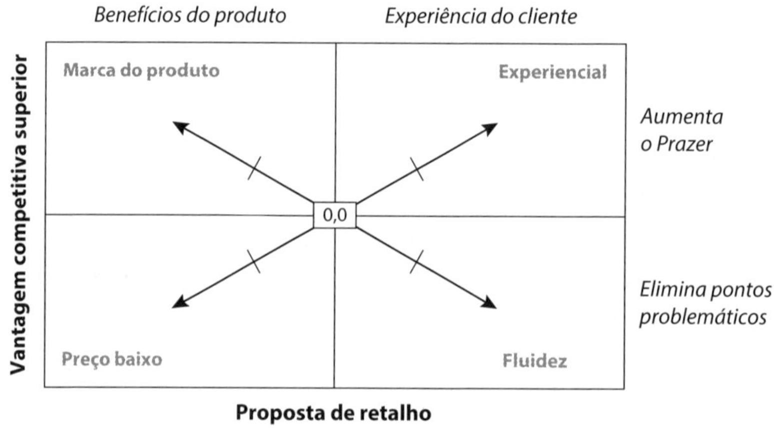

Depois de as expectativas do consumidor estarem definidas, a posição da empresa pode ser traçada nesses eixos, relativa a essas expectativas de valor justo ou patamar. Está a firma a ter um desempenho abaixo ou acima das expectativas do consumidor para cada uma das dimensões?

Expectativas do consumidor em constante mutação

Para sobreviverem, os retalhistas têm de almejar estar pelo menos num patamar de valor justo em todos os quadrantes. Mas, para serem líderes de mercado, têm de oferecer um valor *superior* — e serem literalmente os melhores, se possível — em pelo menos um quadrante. Para além disso, nos mercados competitivos, é necessário estar no topo em dois dos quadrantes.

Se cada um dos titãs do retalho lutar por posições de liderança e oferecer valor superior acima e além das expectativas do cliente, em qualquer dimensão específica, isso vai inevitavelmente moldar o que os clientes passam a esperar e, com o tempo, a exigir. À medida que cada retalhista luta por vencer e oferece algo de ainda maior valor ao cliente, esta nova vantagem torna-se o novo padrão para o valor justo — e o novo requisito esperado para competir de forma eficaz.

Por exemplo, quando um retalhista em particular se compromete a fazer entregas dentro de dois dias — ou até no próprio dia —, as expectativas do que é valor justo no tempo de entrega aumentam. Portanto, à medida que a indústria se torna mais competitiva, as expectativas do cliente vão-se aproximando cada vez mais dos cantos da grelha e torna-se mais difícil competir. A Amazon aumentou as expectativas dos clientes em relação ao que se deve esperar de uma experiência de compras fluida. A Sephora provou que os clientes querem interagir e experimentar os produtos de beleza da marca e já não se contentam em esperar que um vendedor vá buscar o produto atrás do balcão.

Portanto, para serem competitivos no mercado, os retalhistas têm de estar sempre atentos às expectativas do cliente e garantir que, pelo menos, oferecem um valor à altura do que é necessário. Isto é indefinidamente desafiante porque estas expectativas estão constantemente a aumentar, uma vez que a concorrência está ativamente a tentar assumir o comando do mercado.

Estratégias de liderança vencedoras

O último passo aqui é delinear uma estratégia vencedora. Num mundo tão competitivo como o do retalho, uma estratégia vencedora requer liderança num quadrante que é potenciado para facultar liderança num segundo quadrante. Isto requer um foco obcecado nos pontos fortes de uma entidade e no desenvolvimento de modelos de negócio que abram caminho à supremacia.

Historicamente, os enquadramentos estratégicos como o de Treacy e Wiersema em *The Discipline of Market Leaders* (A Disciplina dos Líderes de Mercado) sugeriram que os líderes de mercado devem ser os melhores *numa* coisa e, depois, suficientemente bons nas outras todas para conquistarem os clientes. O argumento era que, se as empresas tentassem ser boas em tudo, não seriam bem-sucedidas e acabariam por não ser «boas o suficiente» em nada ou «ficavam num impasse», enquanto as empresas que se focavam numa estratégia iriam acabar por atingir uma posição de liderança.

No entanto, dada a liderança impiedosa e a disrupção da indústria do retalho que surgiu através do domínio da Amazon, posso afirmar que ser o melhor em matéria de valor não é suficiente nos dias de hoje. Os retalhistas têm de recorrer às suas competências iniciais para vencer, pelo menos, em mais uma dimensão — enquanto não ignoram as restantes.

Nos quadrantes de não liderança, as empresas devem cumprir apenas o necessário para ir ao encontro das expectativas de valor justo dos clientes. Por outras palavras, nestas outras dimensões «suficientemente bom» costuma bastar. De facto, acredito que os retalhistas deviam estar fartos de tentarem ser mais do que «suficientemente bons» nos quadrantes não dominantes, porque estes esforços podem forçar recursos que seriam mais bem dirigidos às competências de liderança.

Uma vez que todos os clientes são diferentes e valorizam diferentes prioridades, vão interessar-se por diferentes retalhistas, dependendo das necessidades únicas de cada um. A escolha da estratégia a seguir deve depender das competências históricas da empresa, em que acredita que pode oferecer um valor competitivo significativamente diferenciado acima e além do que a concorrência consegue oferecer, assim como os vários pesos que os diferentes segmentos de clientes aplicam a cada dimensão. Há que notar que alguns segmentos de clientes podem ser mais lucrativos que outros. A liderança depende da oferta de valor superior em dois quadrantes e de obter um valor justo nos outros dois. Mas oferecer valor justo nos quadrantes não dominantes pode ser um desafio, uma vez que as expectativas do cliente estão constantemente a aumentar à medida que conhecem o que os líderes do retalho estão dispostos a oferecer.

A importância das dimensões relativas varia por retalho vertical e por segmento de cliente. Além disso, os movimentos ao longo dos eixos podem ter perfis de custo diferentes. Traçar as posições de cada um e as da concorrência, ao longo do tempo, assim como registar as alterações nas expectativas do cliente, irá oferecer um mapa dinâmico para controlar o desempenho do mercado.

Voltando aos exemplos do início deste capítulo e à demarcação das estratégias dos líderes do retalho na grelha, obtemos provas de que as empresas têm de tornar-se líderes vencendo em dois quadrantes. Estas estratégias vencedoras em dois quadrantes são ilustradas na Figura 1.4. A Amazon e a Walmart estão a tentar ser líderes retirando pontos problemáticos tanto da experiência com o produto como com o cliente; no entanto, partem de forças diferentes. A Warby Parker potencia a sua marca forte para ganhar clientes, mas talvez não fosse tão bem-sucedida se não oferecesse também a vantagem do preço baixo. É similar ao caso da Zara. A Sephora fortalece-se com os programas de fidelização superior dos clientes para oferecer experiências em loja sem paralelo. As marcas de luxo aprenderam que oferecer produtos de marcas de topo não é suficiente; também têm de facultar experiências de luxo aos clientes. A Costco e a T.J.Maxx não contam apenas com os preços baixos, também oferecem uma experiência de caça ao tesouro para atrair clientes para as suas lojas.

Figura 1.4. Estratégias vencedoras em dois quadrantes

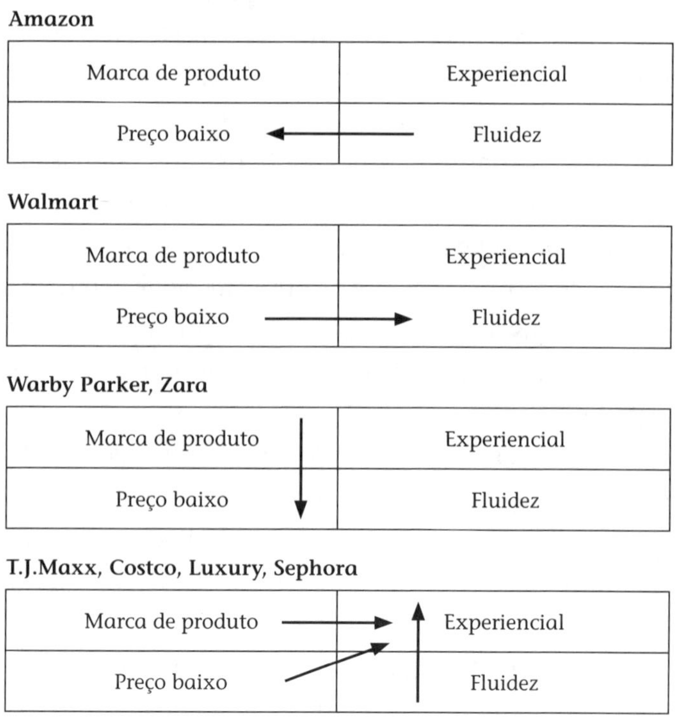

Conclusão

A indústria do retalho é muito competitiva, e as novas tecnologias estão a interferir nos modelos antigos a um ritmo frenético. Os retalhistas bem-sucedidos têm de acompanhar constantemente os concorrentes e acompanhar as necessidades e expectativas em mutação do consumidor. A matriz Kahn de sucesso no retalho sugere que a forma de os retalhistas serem bem-sucedidos num mercado tão competitivo é sendo líderes num dos quatro quadrantes e usarem essa força para estarem à altura dos líderes num segundo quadrante. Isto é ilustrado na estratégia «seta», descrita na Figura 1.4.

O modelo não sugere que os outros dois quadrantes devam ser ignorados, mas é impossível ser o melhor em todos os campos. É apenas necessário competir a valor justo nestes dois quadrantes, em vez de procurar uma posição de liderança.

A escolha da estratégia da empresa irá depender das forças inerentes a esse retalhista e à cultura da organização e, em última análise, vai estabelecer prioridades para uma futura alocação de recursos. Os clientes são atraídos para retalhistas diferentes dependendo das suas necessidades, portanto, a escolha da estratégia vai inevitavelmente atrair segmentos específicos de clientes — e, por extensão, inevitavelmente, afastar outros.

A matriz Kahn de sucesso no retalho faculta um mecanismo gráfico que permite que as mudanças nas dinâmicas do mercado sejam registadas ao longo do tempo. Nos capítulos que se seguem, vou usar este enquadramento para traçar várias estratégias de retalhistas bem-sucedidos. Não usarei dados reais para o fazer, vou antes usar a ferramenta como uma forma de comunicar as escolhas estratégicas de forma simples e clara.

CAPÍTULO 2

Amazon, a agitadora: foco minucioso na conveniência do cliente

Neste capítulo:

- Ponto forte de liderança principal: experiência do cliente fluida, sem confusão, conveniente
- Ponto forte de liderança secundária: líder nos preços baixos
- Valor justo nos quadrantes Produto de marca e Experiencial

Se a Walmart foi a força avassaladora do retalho nos anos 90, não há dúvida de que a Amazon detém esse título atualmente. E a diferença no que a Amazon está a fazer comparado com o que todos os outros fazem é talvez ainda mais extrema do que na era em que a Walmart essencialmente levou as lojas familiares dos EUA à falência. Não é um exagero dizer que a Amazon mudou fundamentalmente a experiência de fazer compras.

Os números confirmam estas afirmações. Em 2015, a capitalização bolsista da Amazon tornou-se mais valiosa do que a da Walmart. As receitas da Amazon em setembro de 2017 eram mesmo abaixo dos 44 mil milhões de dólares, e é a retalhista da internet número um nos Estados Unidos, com 34% do mercado. Os peritos calculam que a quota pode aumentar para 50% até 2021.

Embora o retalhista com as vendas globais mais altas (tanto online como offline) continue a ser a Walmart, a Amazon tem 30 vezes mais SKU do que a Walmart e é a principal vendedora online na Europa e no Japão. A Amazon também é forte na Índia, onde entrou apenas em 2013 (contrariamente, a empresa ainda está atrasada na China, devido à concorrência feroz da Alibaba e da JD.com). Juntando tudo isto, os peritos preveem que a Amazon seja a segunda retalhista no mundo nos próximos cinco anos.

A missão declarada da Amazon é ser a empresa mais centrada no cliente do mundo — oferecer o melhor preço, ter a maior seleção e a entrega mais rápida. Para alcançar este objetivo, a Amazon reinveste continuamente os lucros em pesquisa e desenvolvimento e recorre repetidamente a inovações de vanguarda que atraem cada vez mais clientes à sua plataforma.

Primórdios da Amazon

A Amazon começou em 1995 como uma livraria online que oferecia aos clientes a oportunidade de encomendarem livros em qualquer altura, em qualquer lugar, com a maior seleção de títulos que se poderia encontrar. Jeff Bezos escolheu a indústria livreira especificamente porque o produto podia ser digitalizado e assim tornar a seleção online enorme — maior, como Bezos sabia, do que qualquer loja física poderia alguma vez igualar. Ao contrário de outros websites de retalho que operavam na altura, o da Amazon tornava a «busca» online tão simples como ir a uma loja física. Os clientes podiam ver a capa, a contracapa e alguns dos conteúdos no interior, assim como terem acesso a críticas de outros clientes, a entrevistas com os autores e ver títulos relacionados.

A maioria dos livros estava taxada 10% a 30% abaixo dos livros vendidos noutras lojas e os clientes não pagavam taxas pelas compras feitas online. Estas vantagens impressionaram os clientes e resultaram em poderosas recomendações de boca a boca, que acabaram por desencadear um crescimento exponencial. Em dezembro de 1995, apenas 2200 pessoas tinham visitado a *webpage* da Amazon; na primavera de 1997, mais de 80 mil tinham aderido. Dos livros, a Amazon passou para outros produtos digitalizáveis, como música e DVD. O sucesso da Amazon, e da sua plataforma inovadora, rapidamente levou uma das maiores retalhistas mundiais, a Borders, completamente à falência.

O mercado da Amazon

Em 2000, a Amazon começou a permitir a empresas externas, incluindo as concorrentes diretas (em termos do produto vendido), a venderem os seus artigos numa plataforma aberta de *e-commerce* da Amazon chamada Amazon Marketplace (Mercado da Amazon). A Amazon recebia uma comissão de até 5% por cada venda. Em troca desta taxa, entregava e armazenava o produto do comerciante e permitia aos clientes comprarem os produtos através da tecnologia de compras da Amazon.

As marcas e outros retalhistas, incluindo a Toys "R" Us, a Target, a Circuit City, a Gap e a Lands' End, rapidamente aderiram à plataforma, o que reforçou o controlo do mercado por parte da Amazon. O programa não só permitia à Amazon oferecer a maior variedade disponível online, mas, como iremos discutir adiante, também servia para gerar uma fonte de lucro considerável. Com esta inovação, a Amazon rapidamente começou a vender todos os produtos de A a Z, como o seu logótipo prometia. Atualmente, o Amazon Marketplace é responsável por metade dos produtos vendidos na plataforma da Amazon.

Os serviços web da Amazon

Ao trabalhar com os retalhistas do Mercado Amazon, a Amazon percebeu que acionar cada uma das aplicações de TI dos comerciantes exigia um longo processo de desenvolvimento para a construção de bases de dados, computação, processamento de pagamentos e componentes de armazenamento. Cada retalhista tinha de começar do zero e passar por processos similares, o que resultava em enormes deficiências.

Nessa altura, a Amazon deu início ao negócio «Infraestrutura como Serviço» (IaaS), utilizando as vantagens da computação na nuvem e criando uma infraestrutura de TI de confiança, escalonável e rentável chamada Amazon Web Services (AWS). O *pricing* era como uma utilidade; os utilizadores pagavam aquilo que usavam, evitando, assim, custos iniciais dispendiosos para criar os sistemas.

A AWS tem sido um sucesso enorme. Os pequenos promotores que não conseguiam fazer face aos custos iniciais de desenvolvimento inscreveram-se na AWS para um serviço económico e de confiança. Em 2015, a AWS servia mais de 1 milhão de clientes em 190 países. Rapidamente se tornou o interveniente dominante no espaço, com receitas maiores do que todos os concorrentes em conjunto. Atualmente, a AWS oferece mais de 70 serviços de TI, incluindo networking, armazenamento e análise avançada.

Traçar a estratégia de retalho da Amazon

A Amazon é, sem dúvida, muito mais do que uma mera empresa de retalho; é também uma verdadeira força de logística, tecnologia do consumidor, computação em nuvem, e comunicação social e entretenimento. Mas todos os seus componentes móveis trabalham em conjunto para reforçar a posição dominante no retalho — e é essa a perspetiva em que vou focar-me quando discutir a Amazon. Esta ideia foi reforçada em conversas que editores-chefes da *Harvard Business Review* tiveram com Jeff

Bezos acerca da importância do seu negócio de contacto direto com o consumidor (isto é, retalho). Segue-se um excerto dessas entrevistas:

> Quando converso com pessoas fora da empresa, há uma questão que surge com muita frequência: «O que vai mudar nos próximos 5 a 10 anos?» Mas muito raramente me perguntam: «O que não vai mudar nos próximos 5 a 10 anos?». Quanto ao nosso negócio, em grande parte [do que prevejo que não mude] acabam por ser perceções dos clientes. Olhar para o que é importante para os clientes no nosso negócio de contacto direto com o consumidor. Querem seleção, preços baixos e entregas rápidas. Isto pode ser diferente de negócio para negócio: há empresas a servir outros clientes que não colocariam o preço, por exemplo, nesse grupo de prioridades. Mas tendo descoberto a importância dessas coisas para os nossos clientes, não consigo imaginar que daqui a 10 anos possam dizer: «Adoro a Amazon, mas gostava que pudessem entregar os produtos um pouco mais devagar.» E, daqui a 10 anos, não vão dizer: «Adoro a Amazon, mas gostava que os preços fossem um pouco mais altos.» Portanto, sabemos isso quando investimos energia na redução de defeitos, o que diminui a nossa estrutura de custos e, portanto, permite a prática de preços mais baixos, que vai estar a pagar-nos dividendos daqui a 10 anos. Se continuarmos a colocar energia nesse engenho, daqui a 10 anos vai estar a girar cada vez mais depressa.

Para discutir a estratégia do retalho da Amazon, vou usar a matriz Kahn de sucesso no retalho como contexto. Segundo o enquadramento, uma estratégia de liderança no retalho exige que a empresa seja a líder de mercado num quadrante, aproveite essa vantagem para alcançar a liderança num segundo quadrante e depois que mantenha um valor justo nos outros dois quadrantes.

A Amazon parece estar a seguir esta receita. É claramente líder de mercado no quadrante da Fluidez. Apoia-se nessa vantagem para ser líder de mercado num segundo quadrante (Preço baixo). Finalmente, a Amazon está preparada para oferecer pelo menos valor justo no que respeita as expectativas do cliente nos restantes dois quadrantes (Marca de produto e Experiencial).

Especificamente, como a Figura 2.1 mostra, no quadrante Fluidez, a Amazon está a impulsionar as expectativas dos clientes cada vez mais além, e encontra-se constantemente à frente dos demais. Outros retalhistas esforçam-se por tentar acompanhar, à medida que a Amazon continua a investir em pesquisa e desenvolvimento e a desenvolver inovações que lhe permitem continuamente ultrapassar a concorrência.

No quadrante Baixo preço, a estratégia da Amazon é competir ferozmente e oferecer o preço mais baixo possível. A Amazon subsidia margens pequenas nas suas transações de retalho, potenciando a rentabilidade noutras partes do negócio, como a AWS, o Mercado e o Amazon Prime. No quadrante da Marca do produto, a Amazon não é líder, mas esforça-se por oferecer produtos e marcas que os clientes querem na sua plataforma. Para além disso, tenta mitigar outras vantagens das marcas convencendo os consumidores de que os preços especiais dessas marcas não são garantidos. Isto é ilustrado na matriz quando se vê o movimento da linha de valor justo no sentido descendente em direção à origem deste quadrante. Isto, então, permite à Amazon competir de forma eficaz quer com as suas próprias marcas ou como as que são oferecidas fora do Mercado Amazon.

Por fim, no quadrante Experiencial, a Amazon está atualmente abaixo do valor justo, mas, com o desenvolvimento das suas próprias lojas e a compra da Whole Foods, está a preparar-se para competir eficazmente no retalho offline, enquanto continua a ser líder no retalho online. Estas estratégias estão traçadas na Figura 2.1, e serão discutidas em maior pormenor nas próximas secções.

Figura 2.1. Traçar a Amazon na matriz Kahn de sucesso no retalho

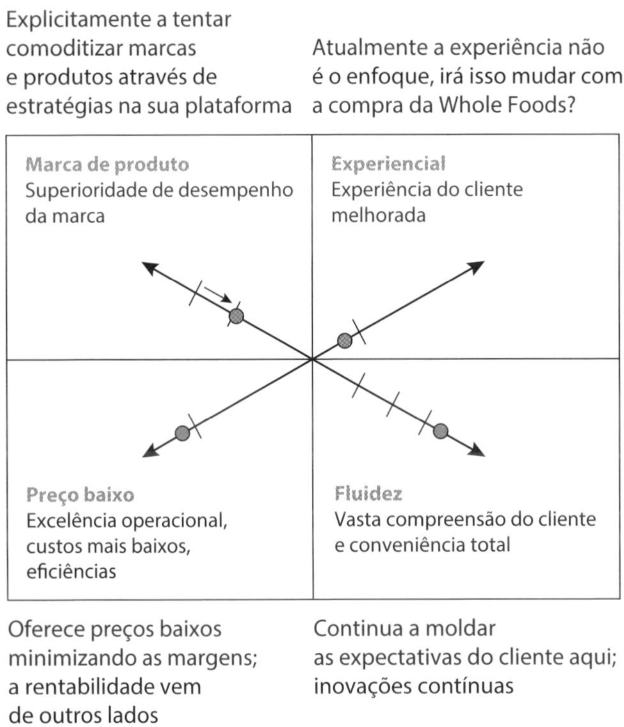

Posição de liderança principal: experiência do cliente fluida, sem problemas

Na Amazon, estamos empenhados em ser a empresa mais centrada no cliente do mundo inteiro.

Amazon.com

A estratégia de liderança definidora da Amazon é ser a melhor no mundo no quadrante Fluidez, e alcança isto através da inovação constante e de aumentar as expectativas do cliente em relação ao que significa desfrutar de uma experiência de compras conveniente e intuitiva. A Amazon é extremamente focada na experiência do cliente, sobretudo no que respeita a eliminação de pontos problemáticos e de dar proativamente aos clientes o que eles desejam. Como Bezos diz: «Os clientes ficam sempre absolutamente insatisfeitos, mesmo quando dizem que ficaram felizes e que o negócio corre bem. Mesmo que ainda não o saibam, querem algo melhor, e o nosso prazer em satisfazer o cliente motiva-nos a criar em seu benefício.»

Uma das primeiras invenções da Amazon, o «1-Click», foi introduzida em 1997, e servia de metáfora para a filosofia global da Amazon de que as compras deviam ser o mais simples e convenientes possível. As compras «1-Click» significavam que assim que os clientes preenchiam a informação pessoal de pagamento, não tinham de voltar a preencher; pelo contrário, um simples clique no item desejado era o suficiente para comprá-lo. Esta ideia foi tão inovadora na altura que a patente foi concedida à Amazon (de notar que expirou em 2017). Agora, é difícil imaginar que fosse uma ideia patenteável, mas Bezos chegou a processar a Barnes & Noble em 1999. Ganhou e a Barnes & Noble foi obrigada a acrescentar um passo ao processo de pagamento.

O programa de fidelização extremamente popular da Amazon, o Amazon Prime, permite à empresa outra oportunidade de ser bem-sucedida neste quadrante, oferecendo a hipótese de recolher dados dos clientes e de usá-los não só para colmatar as necessidades atuais do cliente, mas também, e isto é importante, para antecipar as *futuras* necessidades. Por fim, a Amazon — sempre visionária — pretende ser líder no mundo florescente da «casa conectada», também conhecido como a Internet das Coisas (IoT). Com a introdução do Amazon Echo, a Amazon parece ter desenvolvido outra fonte de dados e oportunidades que lhe permitirão interagir ainda mais com os clientes.

Melhor programa de fidelização: Amazon Prime

Em 2005, a Amazon lançou o seu programa de fidelização, o Amazon Prime. Inicialmente, cobrava aos membros 79 dólares de taxa anual (que subiu para 99 dólares em 2013, e a taxa mensal aumentou de 10,99 para 12,99 em 2018). Esta taxa garantia envio ilimitado em dois dias e descontos para envios em 24 horas — e havia uma boa razão. Os custos dos envios, os atrasos das entregas e outros percalços eram o maior impedimento às compras online, na altura, e o Amazon Prime extinguiu-os de forma eficaz da experiência da Amazon.

Em 2011, a Amazon passou a oferecer ainda mais vantagens aos membros Prime, incluindo o Instant Video, uma Biblioteca para Kindle, Prime Music, Prime Drive e Prime Photo. Outros benefícios incluem entregas de restaurantes numa hora, um *e-book* grátis por mês, visualização sem anúncios de um canal de jogos de vídeo e acesso a conteúdo de multimédia em *streaming*, incluindo novo conteúdo que os estúdios da Amazon estejam a desenvolver. Além disso, os membros Prime têm acesso aos melhores preços da Amazon. Todos esses fatores tornam os membros do Amazon Prime extremamente fiéis. Também oferece à Amazon muitos pontos de contacto com o cliente todos os dias, sendo que cada ponto faculta mais dados.

A Amazon recruta novos clientes para o serviço Prime de forma agressiva. Por exemplo, oferece uma subscrição grátis de seis meses no Amazon Prime a estudantes. Quando estava a dar aulas de princípios de marketing aos alunos de MBA em Wharton, em 2017, todos subscreveram a versão de teste gratuita da Amazon, e 100% disseram que iam continuar a subscrever, depois de o período de experimentação ter acabado. Em 2015, a Amazon criou o «Prime Day», para celebrar o 20.º aniversário. Durante o evento, de apenas um dia, ofereceu itens com descontos enormes aos membros Prime. O evento gerou 86,3 milhões de visitas; em comparação, a empresa teve 87,1 milhões de visitas na Black Friday e 95,3 milhões de visitas na Cyber Monday, durante o mesmo período.

Estratégias como esta continuam a ajudar a Amazon a atrair novos clientes Prime e, desde 2017, a empresa teve 80 milhões de subscritores no total. Adicionalmente, 64% dos lares americanos já tiveram, pelo menos, uma conta Prime. Isto importa, afinal, porque os membros Prime gastam 40 a 68% mais dinheiro no site da Amazon do que os não-membros, e as percentagens mais altas ocorrem em clientes mais antigos. A subscrição do Amazon Prime também encoraja compras muito mais frequentes. Segundo uma análise levada a cabo por uma empresa independente de estudos de consumo, 95% dos membros Prime planeavam renovar a subscrição e os que renovam gastam mais no ano seguinte do que no anterior. Bezos chama ao Prime o «volante do motor» da empresa — um engenho usado nos motores para fornecer energia constante. O Prime mantém os clientes fiéis à Amazon e acelera as compras que fazem, e este motor sempre a girar antecipa outros aspetos do negócio.

Uso estratégico de dados

Os algoritmos da Amazon ajudam a facultar comunicações e recomendações personalizadas para os clientes, e os filtros de busca pormenorizados ajudam os clientes a encontrar exatamente o que querem, quando querem. Quantos mais clientes a Amazon atrair para o Prime, mais provável é os vendedores aderirem ao Mercado e usarem a AWS. Em resultado, a Amazon não só tem um conjunto de dados extensivos sobre como os consumidores procuram, compram e consomem, mas também tem dados do seu Mercado que mostram como os vendedores vendem e, através do AWS, aprende como os programadores criam a sua infraestrutura e sistemas de apoio ao retalho. Com esta informação, a Amazon não só pode facultar as melhores recomendações aos clientes, mas pode usar inovações de vanguarda para maximizar os seus contextos de logística ricos em tecnologia. Esta estratégia de obter dados de todas as fontes e de depois potenciá-los, para obter produtos mais inteligentes, que apelam a mais consumidores e vendedores para o site, é mais um exemplo do modelo clássico de volante de motor.

Casa conectada: Amazon e a IoT

Subjacente ao mundo em rápido crescimento da IoT está a ideia de que os computadores e outros aparelhos digitais podem transferir dados pela rede sem precisarem de interação de humano para humano ou de humano e computador. Estamos nas fases iniciais deste Mercado florescente, mas a Amazon já começou a criar as bases para o domínio também aqui. Uma das primeiras jogadas no espírito da IoT foi o Amazon Dash Wand. Introduzido em 2014 e gratuito para os utilizadores Prime, o leitor de código de barras Dash Wand permitia aos utilizadores Prime passar itens de mercearia nas suas casas e encomendá-los de imediato através do Amazon Fresh.

Pouco depois, em 2015, a Amazon introduziu os Dash Buttons, igualmente gratuitos para clientes Prime. O Dash Button era um botão de encomenda «1-Click» que foi classificado e podia ser usado similarmente ao Dash Wand para encomendar a entrega imediata de produtos específicos de marca. Os Dash Buttons foram desenvolvidos para categorias de bens de consumo embalados, como produtos de limpeza, papel higiénico, sumo e comida de cão.

Colunas inteligentes ativadas por voz: Amazon Echo

Uma ênfase importante na IoT, ou espaço doméstico conectado, é o foco crescente em assistentes de voz que permitem uma experiência de compras centrada no cliente no conforto do lar. A participação da Amazon foi feita com o Amazon Echo, uma coluna sem fios de reconhecimento de voz que responde a ordens que comecem pela palavra «Alexa». Se a Amazon conseguir levar o Echo à maioria dos lares dos EUA, irá tornar-se a plataforma dominante da interação de processamento de linguagem natural — ligando a casa, acessórios e até o *tablier* do carro.

A Amazon controla cerca de 70% do mercado de colunas inteligentes ativadas por voz. Durante o período de compras do dia de Ação de Graças em 2017, a que a Amazon chamou «Turkey 5» (em representação dos cinco dias de compras desde a quinta-feira de Ação de Graças à Cyber Monday), taxou as colunas Echo e Echo Dot com preços agressivos para levar o máximo de aparelhos até às casas de clientes novos e já existentes (os peritos da indústria estimam que a Amazon estivesse a vender hardware Alexa a um prejuízo líquido de 10% a 20%). Gartner reporta que os assistentes virtuais vão ser a fonte dominante de interação entre compradores e retalhistas em 2020.

Ainda não podemos comprovar se a Amazon irá ser bem-sucedida, pois enfrenta concorrência forte da Google (Home), que recentemente fez uma parceria com a Walmart e com o Siri da Apple. No entanto, os dados iniciais revelam que 40% das pessoas que interagem com a Alexa compram mais com a Amazon. A *eMarketer* lançou uma previsão de 2017 em diante que estima que quase 6 milhões de americanos estariam a usar um aparelho ativado por voz pelo menos uma vez por mês, em que a maior quota de mercado era do Amazon Echo. Outro estudo da *Juniper Research* prevê que as colunas inteligentes sejam instaladas em mais de 70 milhões de lares até 2022, ou seja, 55% das casas do país.

Planos para o futuro? Acordo Amazon-Sears

Em 2017, a Amazon anunciou uma parceria com a Sears para distribuir eletrodomésticos de marca Kenmore. Embora haja quem acredite que a Sears enquanto retalhista já viu melhores dias, a sua marca Kenmore continua a ser uma das marcas mais respeitadas na indústria dos eletrodomésticos. Com esta parceria, os consumidores vão poder comprar esta marca diretamente através do site da Amazon, enquanto a Amazon vai ganhar acesso ao conhecimento da indústria da Sears, incluindo competências de logística e distribuição. Um dos objetivos da Amazon com o Alexa é ter os clientes a controlar termóstatos, lâmpadas e outros aparelhos conectados em casa, através de comandos de voz. O acesso a uma gama de eletrodomésticos sugere que a Amazon imagina um futuro com mais controlo através de comandos de voz de todos os eletrodomésticos da casa.

Para além do anúncio amplamente difundido da parceria com a Sears, a Amazon fez outros investimentos mais discretos em empresas que apontam para o interesse crescente na inteligência artificial e comandos de voz domésticos inteligentes. Por exemplo, investiu em pequenas empresas de tecnologia que fabricam sistemas de aspersores conectados, sistemas de intercomunicadores conectados, alimentadores inteligentes de animais de estimação e câmaras de segurança. A intenção seria ligar todas estas coisas ou coisas similares ao seu ecossistema Alexa.

A Amazon pode, em última análise, oferecer o Echo com recursos mais avançados. A empresa acrescentou há pouco tempo uma câmara ao Echo, dando ao Alexa a capacidade de «ver». Será o próximo passo acrescentar competência de reconhecimento de gestos, realidade virtual e competências de processamento de linguagem mais avançadas?

Juntando todas estas peças, o sonho de um IoT efetivo parece mais próximo do que nunca. Todas estas inovações deixam claro que a Amazon é, de longe, a líder no quadrante Fluidez. Seguidamente, discutimos como a Amazon pode potenciar esta vantagem para se tornar líder também nos preços baixos.

Potenciar a centralidade dos clientes para se tornar líder nos preços baixos

Toda a gente quer... preços baixos...
É unanimemente desejado no mundo inteiro.

Jeff Bezos

A Amazon é, sem dúvida, líder nos preços baixos, tanto para as suas próprias marcas como para as marcas externas à venda no seu site. A Amazon pode dar-se ao luxo de cortar margens nas suas marcas porque as transações de retalho não são o seu principal gerador de lucros. Pelo contrário, a geração de lucro vem através de iniciativas como o AWS, do Amazon Prime e Amazon Marketplace: o AWS e o Amazon Marketplace geram lucros vencendo aos concorrentes da Amazon, enquanto o Prime gera lucros com taxas de subscrição e aumento de compras dos membros fidelizados. As estratégias de baixo preço que são encorajadas através das estratégias da Amazon descritas neste capítulo (para além do soberbo apoio ao cliente e conveniência) mantêm os clientes da Amazon viciados no site.

Também é importante notar que, embora a Amazon seja uma empresa pública, há anos que Wall Street tem permitido que a Amazon se foque numa perspetiva de longo prazo — um forte contraste com escrutínio de curto prazo, trimestral, que outros retalhistas têm de enfrentar. Isto permite à Amazon investir continuamente em competências de investigação e desenvolvimento para melhorar a experiência do cliente.

Além de promover estratégias de preços que incentivam a concorrência forte nos preços, a Amazon também trabalha para melhorar as margens, buscando eficiência na estrutura de custos. Isto é concretizado através dos centros de processamento automatizados da Amazon que conseguem movimentar os produtos de forma eficaz e rápida dos armazéns para onde precisam de ser entregues (por avião ou camiões de carga).

Lucros vêm de outros serviços: AWS, Mercado, Prime

Em vez de tentar fazer lucros significativos em cada transação de retalho (segundo um perito com quem falei, a Amazon tem 3% de margem nas transações de mercadorias), a Amazon é lucrativa através de três mecanismos: *(1)* AWS, *(2)* Amazon Prime, que faculta receita à Amazon através do modelo de subscrição e porque os clientes compram mais e *(3)* o Mercado Amazon.

A AWS, em particular, pode ser o motor responsável pelos lucros da Amazon, uma vez que faculta a muito desejada capacidade de servidor aos pequenos retalhistas e *start-ups*. Em 2015, a Amazon divulgou pormenores do desempenho financeiro da AWS, declarando na altura que a AWS tinha gerado 7,9 mil milhões de dólares em receitas — 7,4% da receita total da Amazon — e 1,9 mil milhões de dólares em lucro operacional ou 41% do lucro operacional total. A Amazon declarou que a AWS rendeu 17 mil milhões de dólares em receita em 2017. Segundo o *ZDNet*, a maioria do lucro operacional da Amazon de 2017 proveio da AWS.

O Amazon Prime é também uma fonte geradora de receita para a empresa, embora os executivos não divulguem valores concretos. Vários estudos colocam a base de subscrições do Amazon Prime entre 63 milhões e 69 milhões, e um estudo da Morgan Stanley constatou que 40% dos membros Prime gastavam mais de mil dólares por ano através da Amazon. Algumas estimativas sugerem que as vendas do Prime representam 60% do valor total em dólares de toda a mercadoria vendida no site. A Amazon reconheceu publicamente que os membros Prime gastam mais e compram uma gama mais vasta de categorias do que os outros compradores na Amazon.

O Mercado Amazon também gera margens fortes para a empresa, mesmo que a Amazon não detenha nenhum dos produtos lá vendidos; em suma, esta plataforma garante que a mão da Amazon está presente em todas as transações da concorrência feitas no seu site. Para estas vendas de intermediários, a Amazon cobra taxas e não tem de assumir riscos de inventário. Em 2017, estas vendas representaram quase um quinto da receita total da Amazon.

Para servir melhor estes intermediários, a Amazon oferece o Serviço de Processamento pela Amazon (Fulfillment by Amazon) (FBA), em que os vendedores (por uma taxa, claro) podem usar os centros de processamento da Amazon para armazenamento, realização de encomendas, logística e apoio ao cliente. Esses produtos podem então ser oferecidos no programa Amazon Prime, que oferece aos clientes envios grátis em dois dias. Segundo a Amazon, a participação no programa FBA aumenta as vendas em mais de 20%. Curiosamente (em termos de rentabilidade para a Amazon), custa *mais* aos intermediários vender na Amazon com FBA do que no eBay. Contudo, estão disponíveis mais opções logísticas e, mesmo contabilizando as taxas mais altas, o negócio da Amazon com intermediários está a crescer.

Táticas de mercado levam comerciantes a estratégias de preços mais baixos

Além de ser um gerador de lucro para a empresa, o Mercado Amazon também incentiva os comerciantes a praticar preços mais baixos. Primeiro, como o Mercado é uma plataforma aberta, a Amazon não o controla para garantir que produtos de mercados paralelos não são incluídos. A plataforma aberta da Amazon permite a quase toda a gente criar novas listas de produtos. Consequentemente, os produtos podem ser vendidos por revendedores sem conhecimento dos fabricantes, podendo violar contratos. Por exemplo, nas vendas por intermediários, normalmente compram produto legítimo a grandes retalhistas como a Walmart ou a T.J.Maxx, ou mesmo nas próprias lojas das marcas, e depois estes revendedores vendem essas marcas na Amazon a preços ligeiramente mais altos do que aquele que pagaram. Estes produtos podem ser vendidos facilmente abaixo dos preços mínimos publicitados — e podem ser vendidos com os nomes das marcas que não são propriamente legítimos.

Em segundo lugar, se um produto pode surgir ao preço mais competitivo, vai ser classificado na «Buy Box» da Amazon, o que vai aumentar imenso o volume de vendas, compensando as margens mais baixas e gerando mais comissões para a Amazon. Isto encoraja a concorrência geral de preços entre os concorrentes da Amazon, o que ajuda a tornar a Amazon a retalhista de seleção nos preços baixos.

Em terceiro lugar, para pesquisas de produto que tenham lugar noutros motores de busca, a Amazon compra exibição de publicidade das marcas populares e depois remete esses consumidores de volta para o site da Amazon. Uma vez que a Amazon tem acesso às transações das vendas de intermediários que acontecem no seu site, pode garantir que dá prioridade a esta exibição de publicidade a marcas disponíveis que revelaram interessar aos consumidores. Uma vez no site da Amazon, o cliente fica sujeito a algoritmos da Amazon e a prioridades do website que incentivam a concorrência de preços. Além disso, a Amazon usa esta informação valiosa para oferecer as suas próprias alternativas a preços mais baixos no programa Amazon Basics.

Outra estratégia interessante que a Amazon está a usar para garantir que conseguirá oferecer os preços mais baixos é através de parcerias com comerciantes da Índia que conseguem vender a mercadoria diretamente a consumidores dos EUA na plataforma da Amazon. A Amazon está a celebrar parcerias com os gigantes indianos do Grupo Tata, mas também com comerciantes mais pequenos que podem oferecer artigos artesanais. Para além de alargar a linha de produto, pode, através desta nova iniciativa, aumentar as margens. Bezos afirmou que vai dar prioridade ao *e-commerce* com a Índia como meio para crescimento futuro. Ao mesmo tempo, a Amazon pode estar a olhar para o Médio Oriente: em 2017 comprou a Souq.com, conhecida como a «Amazon do Médio Oriente», abrindo caminho no Egito, na Arábia Saudita e nos Emirados Árabes Unidos.

Por fim, a Amazon luta contra intermediários que vendem na sua plataforma, tendo a sua marca própria, chamada Amazon Basics. Muitos dos produtos nesta categoria são vendidos apenas a membros Prime. Mais uma vez, como a Amazon controla todos os dados, tem uma perceção enorme de onde pode haver lacunas para as marcas de preços mais baixos, podendo, então, produzir esses produtos de marca própria. A Amazon tem atualmente marcas próprias em vestuário, bens de consumo embalados e fraldas. A empresa também dificulta que outros retalhistas equiparem os seus preços, tendo começado a usar tecnologia de bloqueio para que os retalhistas não consigam ver o que se passa em relação aos esforços da Amazon referentes aos produtos de marca.

Apesar destas táticas agressivas pensadas para diminuir preços, as marcas e os revendedores são levados a vender no Mercado Amazon porque não têm de investir num plano de marketing para chamar fluxo para o seu site; o volume da Amazon é maior do que o de qualquer outro site de *e-commerce*. E 55% de pesquisas de produto nos Estados Unidos começam na Amazon, comparando com os 28% que representam outros motores de busca como a Google.

Eficácia na realização do custo mais baixo: centros de processamento da Amazon

Outra forma de a Amazon manter a sua estrutura de preços baixos é através da contenção de custos. A Amazon tem como objetivo realizar a sua missão de se tornar líder de logística e transporte, chave para o domínio no retalho. Pode disponibilizar uma gama mais alargada de produtos e entregar esses produtos mais depressa que os concorrentes. Parte desta competência na logística veio da contratação de vários executivos da Walmart e de aproveitar a competência desse retalhista.

Normalmente, nos centros de processamento, os camiões entregam caixotes que são fotografados e «scaneados» sob todas as perspetivas. Com o objetivo de facilitar a recolha e entrega das encomendas aos motoristas dos camiões nos armazéns, a Amazon lançou uma aplicação chamada Relay, que lhe dá acesso direto a milhões de condutores de camiões em todos os Estados Unidos. Esta aplicação permite aos condutores dos camiões usarem um código QR para passarem pela segurança e assim não terem de passar manualmente pelos portões de segurança. É uma espécie de Via Verde para os condutores de camiões. Este é o primeiro passo na automatização total do processo de entrega com camiões, e é fundamental, porque quase 80% da carga nos Estados Unidos é entregue com camiões.

Depois de estarem nos centros de processamento, são utilizados algoritmos, *robots* e veículos sem condutor para selecionar cada embalagem de forma automática e direcioná-la para onde tem de ir. Agora pode ser feito em metade do tempo que os humanos precisariam com leitores de códigos de barras. (Embora altamente automatizados, estes centros de processamento ainda carecem de trabalhadores para supervisão e embalamento.)

Os produtos que saem dos armazéns são entregues por via aérea e terrestre e já há aviões preparados para usar *drones* de entrega da Amazon, se for necessário. A Amazon fortaleceu o sistema de entrega aéreo através da compra de aviões de carga para o serviço Prime Air, tornando-se menos dependente das transportadoras mais tradicionais, como a FedEx, a DHL e a USPS. A Amazon também gere o sistema de entrega, em parte, através da criação do Flex, um sistema parecido com a Uber, de condutores independentes.

A exigência de tempos de entrega cada vez mais rápidos fez com que a Amazon aumentasse o número de centros de processamento e distribuição, e que os construísse mais perto de onde os clientes vivem. Como a Amazon não tem a mesma presença de lojas físicas que as suas concorrentes, a liderança da empresa tem vindo a localizar estrategicamente os armazéns. Originalmente, estes armazéns encontravam-se em Estados sem impostos sobre as vendas, mas a estratégia mudou, recentemente, para permitir à Amazon oferecer entregas no mesmo dia a mais clientes. Em 2015, estima-se que conseguia facilmente servir quase 30% dos clientes com serviços de entrega no próprio dia. A Amazon está igualmente a construir centros de processamento na Europa e na Ásia em massa.

Manter o valor justo no quadrante dos produtos de marca

A sua margem é a minha oportunidade.
Um dos «lemas mais conhecidos» de Jeff Bezos,
segundo o *Wall Street Journal*

Embora as vantagens fundamentais de liderança da Amazon sejam nos quadrantes Fluidez e Baixo preço, a empresa tem de manter uma presença credível também no quadrante de Produto de marca — e oferecer, pelo menos, valor justo. Certamente, consegue competir de forma eficaz, disponibilizando a maior diversidade de gamas e, como foi descrito, conseguiu trazer um número significativo de produtos de marca para a sua plataforma através do Mercado Amazon.

Mas os produtores dos mais prestigiados produtos de marca (que os consumidores de facto cobiçam) estão relutantes em vender através da Amazon porque sabem que estariam a colocar demasiado controlo nas mãos da Amazon que, assim, irá ditar o inventário, controlar os dados do cliente e estabelecer o preço. Embora a Amazon venda alguma análise do cliente às marcas, não vai divulgar informação sobre taxas de conversão e demografia dos consumidores. Mais, os algoritmos da Amazon dão primazia aos objetivos da Amazon — não aos da marca.

Consequentemente, a estratégia da Amazon não está a ajudá-la a ser líder na oferta de marcas prestigiantes, de luxo. Pelo contrário, como já referido, a estratégia de Jeff Bezos parece ser tentar comoditizar essas marcas e depois usar as vantagens do Amazon Prime para incentivar os clientes a comprarem da Amazon Basics (pelo preço de venda) ou do Mercado da Amazon, onde os algoritmos do website também encorajam preços mais baixos, em vez de levar os clientes a comprarem produtos de marca com preços elevados de outros concorrentes. Logo, as margens das marcas são a oportunidade da Amazon. E, mais uma vez, isto foi traçado na matriz mostrando o movimento da linha do valor justo na direção da origem.

Embora a missão da Amazon não seja construir a reputação das marcas de preços elevados e de luxo, a Amazon preocupa-se com a sua própria marca. Bezos terá dito: «Podem ter a melhor tecnologia, o melhor modelo de negócio, mas se a narrativa não for incrível, não interessa. Ninguém vai ver». Várias atividades de relações públicas e investimento em marketing digital ajudaram a dar a conhecer a Amazon. À medida que crescia, boca a boca, uma multitude de artigos e de livros, também o próprio Bezos ajudou a construir a marca da Amazon. Em 2018, a Amazon também criou um anúncio para o Super Bowl a apresentar o Alexa, em que Jeff Bezos apareceu.

Objetivo: oferecer a maior diversidade de gama; resulta muitas vezes em valor reduzido da marca

Com o objetivo de oferecer a maior diversidade de gama possível, a Amazon encoraja intermediários a vender na Amazon com uma variedade de incentivos. Como já foi mencionado, a Amazon não controla as suas ofertas e, como tal, estes intermediários podem estar a vender produtos de marca de formas que as próprias marcas não apreciam. Mais, a Amazon não policia falsificações com regularidade; argumenta que é da responsabilidade da marca.

Dadas as estratégias da Amazon, é evidente que, embora se possa centrar no cliente, não é favorável à abordagem concorrente-comerciante — embora esses comerciantes sejam incentivados a vender na plataforma. Quando os comerciantes vendem na Amazon, não detêm os seus próprios dados; são sempre incentivados a competir nos preços (assim canibalizando o próprio negócio de potenciais margens mais altas que podiam ter-se realizado através da venda noutras plataformas de retalho); e não podem oferecer uma experiência de cliente personalizada de grande contacto, crucial para alguma provisão da marca. Embora o website da Amazon seja, sem dúvida, funcional, não é esteticamente bonito.

Porque é que algumas marcas concordam vender na Amazon?

Dadas as estratégias da Amazon para promover preços cada vez mais baixos, porque iriam os retalhistas ou as marcas ponderar sequer vender no Mercado Amazon? Se a marca for pequena, há uma grande atração para obter acesso à escala da Amazon, sem ter de se investir em marketing para levar fluxo ao site da marca. Para marcas muito pequenas, pode ser a única forma de obter magnitude.

Mas até os grandes retalhistas, como a Toys "R" Us, foram atraídos para a Amazon… e acabaram por sofrer com a relação. Em 2000, a Amazon e a Toys "R" Us assinaram uma parceria de 10 anos que tornava a Amazon a retalhista online exclusiva dos produtos da Toys "R" Us. A Amazon fazia o website e dava assistência no armazém, no processamento e no serviço ao cliente. Os clientes que iam ao website da Toys "R" Us faziam as encomendas no carrinho de compras da Amazon.

Porque é que a Toys "R" Us fez isto? Pelos vistos, tinha a impressão errada de que iria ser a fornecedora exclusiva de brinquedos na Amazon. Mas a Amazon tinha outras ideias e fez parcerias também com a Target e com outros intermediários independentes para vender brinquedos. A Toys "R" Us processou a Amazon e em 2006 um juiz ordenou a dissolução da parceria. A Amazon foi condenada por incumprimento do contrato, mas não foi obrigada a pagar por quaisquer danos, continuando a ser bem-sucedida no ramo dos brinquedos. Por outro lado, a Toys "R" Us teve de tentar apanhar a concorrência para se tornar numa retalhista online de sucesso. Em 2017, declarou falência.

A Amazon é impiedosa a potenciar as suas relações e a concorrer contra produtos de marca populares entre os seus clientes — e muitas vezes as marcas são incapazes de impedi-la. Por exemplo, a Amazon enfrentou a Lululemon em 2017, usando um fornecedor de topo da Lululemon, a Eclat Textile, para fabricar uma marca própria de roupa desportiva para a Amazon. Isto permitiu à Amazon ter acesso ao tecido próprio da Lululemon, o Luon, assim como a materiais mais modernos. Embora a Lulu tenha algumas patentes, a maioria foca-se em características de design e não em tecnologia de tecidos. O preço das ações da Lulu caiu passados dois dias de a notícia ter saído.

A Amazon tem também sido implacável na concorrência com editoras na sua busca para satisfazer os interesses dos clientes, acima de tudo. Por exemplo, facilita bastante aos clientes a escolha da compra de um livro usado em vez de um novo, fazendo-os parecer praticamente iguais. Contudo, quando o cliente escolhe comprar um livro usado, a editora não ganha nada — mas a Amazon sim. O valor do livro usado, todavia, é o resultado do investimento que o editor e o autor fizeram na produção do conteúdo original. De acordo com o modelo da Amazon, não há direitos autorais nem lucros quando o produto é revendido.

Haverá algo que a marca possa fazer para se proteger? A marca pode impor uma política online de revenda com requisitos rígidos que proíba distribuidores de revenderem inventário não vendido a revendedores não autorizados. Teria, no entanto, de policiar escrupulosamente o processo.

Porque é que marcas grandes com forte valor de marca capitulam?

Dada a estratégia declarada da Amazon de não proteger as marcas contra as falsificações e o seu desejo de continuamente baixar os preços, o que leva a marcas com forte valor e estatuto concordarem vender na Amazon? Para simplificar, a Nike é um bom exemplo.

Há mais de 20 anos, a Nike recusou vender os seus produtos na Amazon. Mas depois, em junho de 2017, anunciou que tinha revertido a decisão e concordou vender no site de *e-commerce*. Porquê?

Antes de mais, embora historicamente a Nike não tivesse concordado oficialmente vender os seus produtos na Amazon, muitos intermediários já estavam a vender produtos legítimos da marca lá, e a Nike não tinha qualquer tipo de controlo nas transações ou estratégias de preço. Na verdade, segundo um estudo da Morgan Stanley, mesmo que a Nike não sancionasse as vendas dos seus produtos na Amazon, foi a marca de vestuário mais comprada no site!

Além disso, como referido, mais de 50% das buscas online de produtos feitas pelos consumidores começam na Amazon. Isso significa que, se a Nike não está *oficialmente* presente, tem uma grande probabilidade de perder essas vendas, sobretudo entre clientes do Amazon Prime, que são extremamente leais à Amazon. Em terceiro lugar, muitos dos concorrentes da

Nike já estavam na Amazon: a Adidas acrescentou a Amazon como distribuidora em 2014, a Under Armour e a TaylorMade também se juntaram. Ter os concorrentes na Amazon quando a Amazon se tornou o site de referência para roupa desportiva e produtos «athleisure», roupa desportiva para usar no dia a dia, acabou por tornar a Nike vulnerável à possibilidade de os clientes fiéis desertarem.

Compreensivelmente, a Nike decidiu que tinha de ficar em vantagem em relação à Amazon e proteger a sua marca. Ao contrário de outras marcas, a Nike tem um enorme valor de marca, por isso conseguiu negociar um acordo com a Amazon que lhe permitiu maior controlo do canal. No acordo, a Amazon aceitou controlar a marca Nike no Mercado com políticas mais rigorosas em relação às falsificações, e também levou a cabo restrições às vendas que a Nike não sancionou. Mesmo com estas concessões, a Nike continuou preocupada, uma vez que a Amazon vende os produtos, mas faz pouco para fortalecer a marca.

Em troca, o produto da Nike está oficialmente disponível na Amazon. Assim, o forte valor de marca da Nike vai ajudar a trazer *ainda mais* clientes para a plataforma da Amazon. Obviamente, isto torna a Amazon mais forte e continua a enfraquecer a atração pelos retalhistas tradicionais. O resultado estava claro: num estudo levado a cabo pela Cowen, na primavera de 2017, a Amazon igualou a Foot Locker como retalhista preferida dos Estados Unidos para comprar ténis.

A Nike pode ser o início de uma miríade de marcas de topo e de luxo que percebem o poder da Amazon. Depois do negócio com a Nike, a Amazon assinou um acordo com a Violet Grey que permite à Amazon oferecer as suas marcas de beleza de luxo no site. Muitas marcas grandes continuam relutantes; o CEO da Birkenstock assumiu uma posição forte contra a Amazon, mesmo quando a Amazon pede a intermediários para quebrarem os acordos de venda com a Birkenstock e porem os seus produtos à venda na Amazon. O CEO da Birkenstock caracterizou as ações da Amazon como «inconcebíveis» e «patéticas».

Se uma marca for suficientemente forte, como a Nike provou, pode ter alguma influência para levar a Amazon a reagir. Em agosto de 2016, a Amazon apresentou um programa de «bloqueio de marca» que proibia alguns intermediários de vender marcas estabelecidas como a Microsoft e a Burberry. Mas apenas algumas marcas (presumivelmente, aquelas com influência suficiente) constam desta lista, e as empresas que não estão na lista vão continuar reféns de vendedores não autorizados.

Passando para a moda

Embora as estratégias da Amazon pareçam estar a boicotar o valor da marca, se os consumidores ainda virem valor nas marcas de topo/luxo e se essas marcas conseguirem não vender na plataforma da Amazon, esta vai ficar em desvantagem neste quadrante. Não irá oferecer valor justo naquilo que os consumidores acreditam ser um produto de marca de luxo ou de alta qualidade. Portanto, a Amazon está potencialmente vulnerável aqui, o que sugere que é uma forma viável para os retalhistas competirem contra a Amazon — como será discutido nos capítulos seguintes, que descrevem marcas de luxo e estratégias de marcas digitalmente nativas.

Considerando esta potencial vulnerabilidade, a Amazon está a construir uma plataforma de moda e continua a tentar atrair as melhores marcas para vender. Os clientes amantes de moda que vão à Amazon são direcionados para uma plataforma de moda a que apenas os vendedores grossistas têm acesso (não os revendedores ou os intermediários). As marcas que vendem nesta plataforma têm melhor controlo da identidade das marcas e presença online, enquanto os intermediários são relegados para páginas de resultados regulares em que os clientes têm de pesquisar por centenas de páginas de resultados, ao contrário destas páginas de moda em que as marcas específicas são acedidas com facilidade.

Com estas novas estratégias, a Amazon conquistou marcas de moda que incluem a Calvin Klein, a Tommy Hilfiger e a Michael Kors. Mas muitas outras marcas de luxo e de maior qualidade continuam a ficar de fora.

Mesmo assim, a Amazon continua a fazer marcação cerrada à moda e desenvolveu dois novos produtos em 2017: a Prime Wardrobe e a Echo Look. A Prime Wardrobe é uma plataforma que oferece mais de 1 milhão de itens de moda; é um serviço de subscrição. Os clientes podem encomendar a roupa grátis para experimentarem e só pagam pelos itens com que ficam; os restantes podem ser devolvidos. A Echo Look é uma assistente pessoal ativada por voz que armazena fotografias da roupa dos clientes e oferece recomendações acerca das marcas.

Ainda em curso: o que vai a Amazon fazer nos supermercados? E nos cuidados de saúde?

Com a compra da Whole Foods e de outras lojas do setor alimentar, a Amazon está claramente a pretender participar no setor dos supermercados. Há indicações de que a Amazon está também a planear atuar no mercado das farmácias, segundo a especulação, vai entrar no mercado especializado de medicamentos (os concorrentes neste setor incluem a CVS, a Walgreens e a Express Scripts). A Amazon pode também explorar oportunidades relacionadas com tecnologia de saúde, como a telemedicina ou registos eletrónicos médicos. É atualmente um espaço muito fragmentado, mas, se a Amazon conseguir montar uma plataforma que atraia todas estas diferentes aplicações num só espaço, o resultado será poderoso. Pode não ser perita em saúde, mas é centrada no consumidor, e esta perspetiva está atualmente em falta nesse campo.

Outra indicação de que a Amazon vai investir na indústria dos cuidados de saúde é a compra, em 2017, da *start-up* de biotecnologia GRAIL, cuja missão é diagnosticar cancro atempadamente, quando ainda pode ser tratado. A GRAIL combina ciência computacional de vanguarda, sequenciação de alta intensidade e estudos clínicos de grande escala para melhorar a compreensão da biologia do cancro com o objetivo final de desenvolver um teste sanguíneo para a deteção de cancro em fase inicial. Este tipo de negócio requer poder computacional intensivo e pode enquadrar-se no negócio existente de AWS.

Por fim, talvez a indicação mais forte de que a Amazon está interessada em interferir na indústria dos cuidados de saúde é o anúncio de que vai fazer uma parceria com a Berkshire Hathaway e com a JPMorgan Chase, num esforço de unir os recursos coletivos para controlar o aumento dos custos com a saúde e melhorar a satisfação do paciente e os resultados. Embora o anúncio não fosse específico, os peritos previram que, pelo menos, as empresas fossem talvez fundar o seu próprio seguro de saúde para os empregados e que usassem esta oportunidade para testar novos modelos de pagamento e prestação de cuidados de saúde. Podem também pensar no canal de distribuição de saúde, em que três empresas, a AmerisourceBergen, a McKesson e a Cardinal Health representam a maioria das receitas. Pode também haver oportunidades no canal farmacêutico.

Preparar-se para competir também no mundo experiencial offline

Vemos os clientes como convidados para uma festa, em que somos os anfitriões. É o nosso trabalho, todos os dias, tornar todos os aspetos importantes da experiência do cliente um pouco melhores.

Jeff Bezos

Por fim, o quadrante Experiencial, em que a Amazon tem estado ausente, em grande parte, uma vez que começou como retalhista online e deu prioridade à tecnologia, preterindo a experiência na loja física. Mesmo que tenha havido um crescimento incrível nas vendas do *e-commerce*, a maior parte dos peritos da indústria acredita que haverá sempre uma função para a loja física tradicional. Portanto, embora se encontre muito aquém em relação a outros retalhistas mais tradicionais neste quadrante, a Amazon tem vindo a experimentar diferentes formatos de loja. Para além disso, comprou recentemente a Whole Foods e fez uma parceria com a Kohl's para a devolução de produtos, e continuam a ouvir-se rumores constantes de novas parcerias similares.

Na implementação das estratégias para as lojas físicas, a Amazon parece estar menos focada em oferecer experiências de loja de prazer superlativo e positivo e mais focada em acrescentar uma presença física à sua experiência de compras simplificada. Ao construir e comprar lojas físicas, a Amazon reconhece que muitos clientes ainda valorizam as lojas tradicionais, pois querem «tocar» no produto e «sentir», querem os bens de imediato ou querem interagir num ambiente social. No entanto, a prioridade da Amazon é encontrar formas inovadoras para integrar a experiência online/offline num todo descomplicado.

As lojas da Amazon

A Amazon abriu várias livrarias com a sua marca que vendem livros com boas avaliações dos clientes e exibem a crescente família de engenhocas da empresa. À primeira vista, estas lojas parecem-se muito com livrarias normais de centro comercial, mas têm uma diferença importante: quando alguém compra numa livraria da Amazon, tem de aceder à aplicação da Amazon. Nenhum dos livros da loja tem os preços exibidos; para saber os preços ou ver críticas, os clientes têm de aceder à aplicação enquanto estiverem na loja e colocar o telemóvel ao pé do livro ou do código de barras. Isto permite à Amazon ligar o comportamento online com o comportamento na loja e oferecer mais informação acerca dos livros, cobrar preços diferentes aos clientes Prime e não Prime e continuar a recolher dados dos clientes, que serão usados proativamente para servir melhor outros clientes.

Para além das livrarias, a Amazon está a abrir várias pequenas mercearias ou lojas de conveniência chamadas Amazon Go, que, mais uma vez, ensinam os clientes a comprar com os telefones através da aplicação da Amazon. As lojas da Amazon Go usam e-commerce móvel e tecnologia RFID, aprendizagem automática e visão computacional para permitir aos clientes comprarem sem terem de ficar na fila à espera de pagar na caixa. Nestas lojas, os clientes pesquisam a loja através do telemóvel, e as suas compras são convenientemente registadas por sensores e câmaras que transmitem informação para um sistema de processamento online que regista os movimentos e ações dos clientes, e também que produtos acabam por escolher. Quando os clientes saem da loja, a despesa da compra é automaticamente cobrada às respetivas contas Amazon Prime.

Depois de esta tecnologia estar completamente desenvolvida, é provável que a Amazon a disponibilize a outros retalhistas com lojas físicas por uma taxa. Se a Amazon for tão bem-sucedida a alterar as expectativas dos clientes no retalho físico como tem vindo a ser online, os retalhistas mais pequenos e/ou menos sofisticados vão sentir pressão do mercado para adotar a tecnologia. Não só irá facultar outra fonte de lucro para a Amazon, será igualmente mais uma fonte de dados.

Para além das lojas Amazon Go, a Amazon está a desenvolver outro conceito de supermercado, em que os clientes podem encher um carrinho digital com produtos, pagar online e, depois, marcar uma entrega física no espaço de duas horas. Os clientes podem ir buscar as compras nos próprios carros, através de balcões de entrega, ou ir à loja de retalho e levantá-las lá. Está provado que se os clientes podem ser incentivados a ir à loja buscar as compras, pode haver oportunidade de fazerem compras adicionais. Estas lojas (e outras retalhistas que a Amazon pode comprar no futuro) permitem à Amazon oferecer um espaço para os seus clientes online que ainda querem tocar e sentir o produto antes de comprar. Está igualmente provado que esse facto continua a ser desejável no que respeita a roupa, mercearia, mobiliário e eletrodomésticos.

Amazon compra a Whole Foods

Com a compra da Whole Foods, a Amazon assumiu o controlo dos imóveis urbanos e das lojas de mercearia, que pode ter função dupla de armazém e de ajudar a Amazon a fazer entregas convenientemente até casa do cliente. Estas 450 lojas são em zonas de classe alta, de excelência, que também podem servir de pontos de distribuição para tudo o que Amazon vende. Especula-se que sejam instaladas com tecnologia da Amazon, como descrevemos.

A Morgan Stanley calcula que 80% dos membros Prime da Amazon sediados nos EUA, ou cerca de 38 milhões de consumidores, não compravam na Whole Foods quando a aquisição foi feita. Mais, 5 milhões de agregados familiares dos EUA, ou 38% dos compradores da Whole Foods, na altura da aquisição, não eram membros Prime. A estratégia da Amazon parece ser a difusão da imagem de preço alto que a Whole Foods historicamente tinha e os primeiros indicadores sugerem que a estratégia é boa.

Quando as descidas de preço direcionadas da Amazon foram anunciadas pela primeira vez em alguns itens da loja, o fluxo na Whole Foods aumentou 25%. No entanto, a Amazon ainda tem de intensificar todo o potencial da aquisição. As previsões são que, no futuro, a Amazon vá oferecer promoções especiais a membros Prime nos produtos Whole Foods ou organizar eventos só para membros, como aulas de culinária ou degustações.

Outra forma que permitirá à Amazon descer os preços na Whole Foods é trazendo as suas competências para os armazéns de mercearia e centros de distribuição. Alguns peritos especulam que a Amazon pode construir uma rede de armazéns automatizados concebidos especificamente para o setor de supermercados. Estas instalações, como os próprios armazéns inteligentes da Amazon, vão provavelmente usar *robots* e automatização para baixar os custos com a mão de obra. Para além disso, a Amazon pode baixar preços desenvolvendo as suas marcas próprias e já se expandiu para os produtos alimentares perecíveis.

É difícil de prever exatamente qual o efeito que esta redução potencial dos preços terá nas marcas grandes do setor dos supermercados. Observando o que aconteceu noutras categorias, contudo, se a Amazon conseguir tornar a experiência de compras de mercearias conveniente, como se tornou em muitas outras categorias, parece provável que as suas estratégias de procurar sempre formas de baixar os preços irá definitivamente apertar as margens da indústria de bens de consumo embalados das grandes marcas. Se as marcas conseguirão sobreviver dependerá da força e fidelização que os clientes têm em relação ao nome da marca.

Experiências com lojas pop-up

Se a Amazon continuar a pretender seriamente ter uma presença real no negócio do vestuário e da moda, as lojas físicas serão importantes também neste setor, e a Amazon já está em testes. Durante o período de festas de 2017, a Amazon Fashion anunciou lojas *pop-up* por tempo limitado em Nova Iorque e Los Angeles em parceria com a Calvin Klein, assim como na loja online em Amazon.com, com o nome «My Calvins». As lojas *pop-up* tiveram a presença de celebridades e modelos e receberam eventos especiais.

Nestas lojas *pop-up* podiam comprar-se produtos imediatamente e podiam levar-se para casa ou mandar entregar. Os provadores estavam equipados com aparelhos Amazon Echo, de maneira que os compradores pudessem fazer perguntas à Alexa sobre moda. O cliente podia também controlar o ambiente (a iluminação e a música) no provador, simplesmente pedindo à Alexa.

Conclusão

Como a Figura 2.1 torna evidente, a Amazon é a líder indiscutível no quadrante Fluidez e está continuamente a inovar para manter esta posição no futuro. O seu mantra é: «Aqueles que controlam os dados controlam o mundo», e o Prime serve como o «volante motor» para concretizar isso. Através da sua influência, conseguiu baixar os preços de venda cada vez mais, atingindo, assim, uma posição de liderança também no quadrante do Preço baixo.

Atualmente, no quadrante da Marca de produto, a Amazon oferece a maior diversidade, mas ainda não chegou bem ao valor justo nos produtos de marca de prestígio. A sua estratégia aqui parece ser ambivalente: primeiro, fazer os possíveis para mitigar as vantagens das outras marcas; em segundo lugar, acompanhar com uma plataforma de marca sua. Por fim, no quadrante Experiencial, a Amazon reconheceu a importância constante das lojas físicas. A estratégia aqui, no entanto, é construir uma experiência do cliente baseada em compras simplificadas, em vez de uma interação experiencial de grande qualidade e luxo.

Para comprovar que Jeff Bezos planeou esta estratégia desde o início, pesquise online o termo «Amazon's Virtuous Cycle» (Círculo Virtuoso da Amazon). Irá encontrar um gráfico que Jeff Bezos alegadamente desenhou num guardanapo quando começou o negócio, no final dos anos 90. Este gráfico sugere que o crescimento surgirá em resultado da «experiência do cliente», que irá levar afluência para o local e que, por sua vez, irá atrair vendedores para o site, que, por sua vez, irá oferecer uma grande seleção de produtos e, desta forma, encerrar o círculo numa melhor experiência para o cliente. Depois, assim que o círculo estiver completo, a Amazon pode potenciar essa vantagem para baixar a sua estrutura de custos e, consequentemente, continuar a baixar os preços, o que, mais uma vez, vai levar a uma melhor experiência do cliente.

CAPÍTULO 3

Liderar no preço: preços baixos todos os dias

Neste capítulo:

- Ponto forte de liderança principal: «preços baixos sempre»
- Ponto forte de liderança secundária: criar uma experiência de omnicanal (fluida)
- Valor justo em produto de marca e experiencial

A Walmart foi fundada em 1962 por Sam Walton com o lema «Preços baixos sempre» (mais tarde mudou para «Poupe dinheiro. Viva melhor»). A Walmart fornecia uma grande variedade de produtos, ficava aberta mais tempo que a concorrência e garantia os preços mais baixos. Embora as margens fossem baixas, vendia grandes quantidades — e tinha grandes lucros.

Quando uma loja da Walmart chegava a uma região, os concorrentes costumavam sair prejudicados. Historicamente, o modelo de «excelência operacional» tornou-a a distribuidora mais aperfeiçoada de mercadorias. Substituiu as estratégias de preço «alto-baixo» de muitos supermercados por uma estratégia de «preços baixos todos os dias» (EDLP), que ajudava a gerir inventário de forma muito mais eficiente e a manter os custos reduzidos.

À medida que as vendas da Walmart aumentaram, o seu poder cresceu, e esta dinâmica mudou a forma de as empresas da cadeia de fornecimento negociarem, o que, por sua vez, conferiu mais vantagens à Walmart. Tornou-se tão importante nos bens de consumo que empresas como a Procter & Gamble construíram escritórios perto de Bentonville, Arkansas, onde fica a sede da Walmart. Quando a Walmart estabelecia objetivos, os fabricantes arranjavam maneira de os satisfazer. Por exemplo, a Walmart conseguia convencer os fabricantes de produtos a alterar as dimensões das embalagens ou a garantir os preços mais baixos em qualquer região para qualquer produto que vendia simplesmente porque tinha o poder para fazer essas exigências aos fornecedores.

As vantagens estratégicas de uma estratégia EDLP

Porque é que esta estratégia do preço mais baixo funcionou tão bem?

Há três razões. A primeira: haverá sempre consumidores que valorizam um «bom negócio». A segunda: há pessoas para quem cada cêntimo conta e vivem com um orçamento apertado; para esses compradores, o preço é o critério mais importante na escolha de um retalhista. Por fim, há pessoas que acreditam, à semelhança de Jeff Bezos, que as marcas estão sobrevalorizadas e que a maioria dos produtos são basicamente mercadorias. Então, porquê pagar mais?

Seguindo esta estratégia, a Walmart cresceu tanto que atualmente estima-se que 90% dos norte-americanos vivam a um raio de 16 quilómetros de uma das suas lojas. O *Economist* calculou que quase quatro em cada cinco norte-americanos compraram na Walmart em 2012, o que significa que foram mais os clientes que os votantes nas eleições presidenciais norte-americanas desse ano, numa relação de quase dois para um.

Mesmo com a Amazon em jogo, a Walmart continua a ser o maior retalhista offline nos Estados Unidos e o segundo maior online depois da Amazon. Com 362 mil milhões de dólares em vendas em 2016, a Walmart é três vezes maior do que o segundo player, a Kroger.

A estratégia de liderança da Walmart continua a estar focada nos preços baixos. Mas ter os preços mais baixos já não é suficiente. A Amazon está a crescer rapidamente e a concorrer no campo da Walmart porque oferece também preços muito baixos. Mais, como ilustrado no Capítulo 2, o valor de liderança da Amazon está no quadrante de Fluidez. Para muitos consumidores, comprar online com opções simples de entrega em casa é muito mais conveniente do que ter de conduzir até uma loja grande do retalhista para fazer compras.

Para além da Amazon, há também outros retalhistas com preços baixos que podem ameaçar a posição da Walmart. A Target, embora significativamente mais pequena que a Amazon e a Walmart, está a contra-atacar. E o ALDI, uma cadeia de descontos alemã que consegue oferecer preços muito baixos, vendendo, sobretudo, bens de marcas próprias, também se tornou uma concorrente relevante no setor dos supermercados. Finalmente, há as lojas de preços baixos, como a Dollar General, que continuam a investir nas lojas físicas tradicionais.

Como pode a Walmart competir?

A Walmart tem de mudar a sua estratégia, uma vez que ter apenas preços baixos como vantagem deixou de ser suficiente neste mundo altamente competitivo. Tem de encontrar outro valor de liderança e aumentar as suas ofertas nos outros dois quadrantes, uma vez que a concorrência intensifica as expectativas do cliente em relação ao valor justo.

Uma vantagem diferencial sustentável que a Walmart continua a ter, no entanto, é o grande número de lojas e o sistema de operações e logística eficientes. Isto dá-lhe vantagem competitiva em relação a comerciantes exclusivos online porque essas localizações de lojas oferecem a oportunidade de entregas de última hora e recolha nas lojas. A Walmart é igualmente perita nas complexidades do tratamento de itens perecíveis.

A outra vantagem evidente são os números elevados de vendedores; é o maior empregador privado dos Estados Unidos. Recentemente, entendendo a importância deste ativo, a empresa tem investido mais nos seus empregados, aumentado níveis salariais, melhorado as condições de trabalho e reorganizado a sua força laboral para se enquadrar melhor nas necessidades do cliente moderno.

À medida que a concorrência ganha ímpeto, as fraquezas da Walmart nos outros três quadrantes além do preço tornaram-se mais visíveis. O site de *e-commerce* foi significativamente menos eficiente do que o da Amazon; a gama dos seus produtos nunca teve a chancela de marcas de moda de excelência; e as experiências na loja não eram suficientemente emocionantes para motivar as pessoas a visitar, se houvesse uma alternativa online mais conveniente disponível.

A nova estratégia arrojada da Walmart

Para contrabalançar essas fraquezas, a Walmart comprou a Jet.com, por 3,3 mil milhões de dólares, em agosto de 2016, com os objetivos ambivalentes de posicionar a empresa numa rota de crescimento mais rápido de *e-commerce* e criar uma experiência de compra consistente de omnicanal. A Jet.com foi escolhida porque era uma das empresas de *e-commerce* com o crescimento mais rápido e mais inovadora nos Estados Unidos, cofundada pelo vanguardista Marc Lore, que, anteriormente, tinha cofundado a Quidsi, a empresa mãe dos sites de *e-commerce* Diapers.com, Soap.com e Wag.com. Uma das condições do negócio foi Lore ser escolhido para gerir a Walmart.com na qualidade de presidente e CEO.

A compra e integração da Jet.com também trouxe um público mais sofisticado e *millennial*, que viria a complementar a base de clientes de uma faixa etária mais velha da Walmart. A Jet também demonstrou capacidade de subir rapidamente, tinha tecnologia de ponta e já tinha atraído mais de 2400 retalhistas e parceiros de marca para a sua plataforma.

Embora a Jet.com tivesse começado originalmente com um modelo de receita proveniente do serviço de assinatura, a empresa depressa se articulou para oferecer valor através de uma proposta criativa de custo mais baixo. O modelo dá aos clientes a possibilidade de diminuir os custos da compra final ao escolherem ativamente opções menos dispendiosas de entrega e processamento.

Por exemplo, o «smart cart» (carrinho inteligente) da Jet permite aos consumidores abrir mão das opções de «devolução» ou escolherem comprar dois itens localizados no mesmo centro de distribuição — que cabem em apenas uma caixa —, em vez de escolher dois itens em centros de distribuição diferentes que não podiam ser enviados de uma única vez. Se os consumidores escolherem estas opções de entrega de baixo custo, têm mais descontos nos produtos, que já eram vendidos a preços baixos.

Esta ideia do «smart cart» já está disponível no Walmart.com. Mas a Walmart está também a potenciar as vantagens das lojas físicas como parte deste negócio. Por exemplo, oferece preços mais baixos aos consumidores dispostos a encomendar online e a ir buscar às lojas. Essencialmente, com esta opção, os consumidores assumem os custos da «entrega de última hora» (que é muitas vezes a parte mais dispendiosa dos custos de entrega no geral) e, em troca, participam nessa poupança. No fim do ano fiscal de 2018, a Walmart terá 1100 locais de entrega e vai acrescentar mil locais adicionais em 2019.

Construir uma experiência de omnicanal

Esta integração da Jet.com potencia o modelo de liderança histórica de preços baixos da Walmart, mas também o ajuda a ganhar vantagens reais no quadrante da Fluidez, permitindo ao retalhista oferecer uma experiência de omnicanal. Refletindo esta mudança radical de estratégia, a Walmart anunciou, a 1 de fevereiro de 2017, que iria mudar o nome de Wal-Mart Stores, Inc. para Walmart Inc.

A estratégia parece estar a resultar. No primeiro ano sob a liderança de Lore, as vendas de *e-commerce* da Walmart aumentaram 63%, com um aumento de 60% no volume de mercadoria bruta digital. As vendas nessas mesmas lojas aumentaram 1,4% e o fluxo aumentou 1,5%.

A estratégia da Walmart sob a égide de Marc Lore é mais complexa do que a simples criação de um site de *e-commerce* eficaz, no entanto, assenta bem no mapa na matriz Kahn de sucesso no retalho.

Traçar a estratégia futura da Walmart com base na matriz Kahn de sucesso no retalho

Conversas pessoais e entrevistas à comunicação social de Marc Lore sugerem que o Walmart.com e a Jet.com estão a planear melhoramentos em todos os quatro quadrantes para competir com a Amazon. Primeiro, a Walmart irá continuar a ter como objetivo ser o retalhista dos preços mais baixos. Pelo menos, inicialmente, a Jet.com vai manter-se em separado e irá atender a um segmento mais urbano, jovem, moderno e menos sensível ao preço.

No quadrante da Fluidez, a Walmart irá usar o modelo «compre online, venha buscar à loja» e estratégias de entrega em casa, para se aproximar do valor justo. Embora a Walmart ainda não possa competir com as capacidades de entrega de última hora da Amazon, pode, a curto prazo, alavancar as suas lojas e vendedores para se aproximar bastante da paridade. Além da opção de recolha na loja, a Walmart pode entregar comida num raio de 16 quilómetros de uma loja a 90% da população, mais depressa e com menores custos do que qualquer outra cadeia.

Figura 3.1. Traçar a estratégia futura da Walmart na matriz Kahn de sucesso no retalho

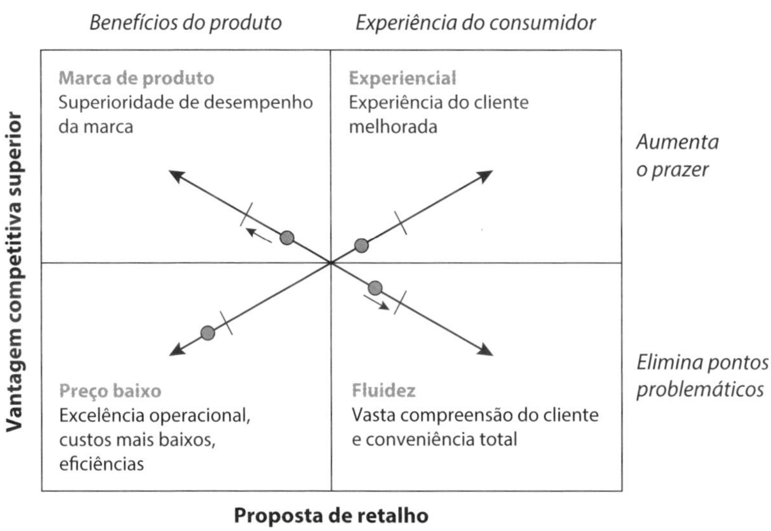

Um dos métodos utilizados para este fim é alavancando os seus 1,2 milhões de vendedores para ajudar nas entregas. Usando algoritmos, serão desenvolvidos percursos eficientes, de forma que os vendedores possam entregar os produtos aos clientes quando vão para casa depois do trabalho. Isto torna o custo da entrega muito mais barato. A Walmart está também a fazer parcerias com a Uber para facultar um serviço de entrega de mercearias das suas lojas. Isto permite à Walmart oferecer aos clientes a conveniência que a Amazon promete.

Depois de acompanhar neste quadrante da Fluidez, a Walmart vai continuar a investir em inovações para manter opções de compras convenientes, mesmo com a Amazon a apresentar inovações que não param de elevar as expectativas dos clientes em relação ao que significa uma experiência de compras simplificada. No quadrante de Marca de produto, há planos para aquisições estratégicas e desenvolvimento de marcas próprias que irão passar a Walmart para valor justo ou possivelmente excedê-lo. Por fim, no quadrante Experiencial, a Walmart está atualmente abaixo das expectativas, mas já desenvolveu estratégias para atingir também o valor justo.

Estas estratégias estão traçadas na Figura 3.1. Para além do traçado direto dos pontos fortes da Walmart no quadrante de Baixo preço e dos pontos fracos no quadrante Experiencial, juntei setas nos outros dois quadrantes para representar as estratégias já anunciadas que estão em processo de realização (mas que ainda não foram completamente implementadas), para ir ao encontro das expectativas ou excedê-las. Assim, tracei a Walmart atualmente abaixo das expectativas nos quadrantes da Marca de produto e da Fluidez porque, mesmo que esteja a investir rapidamente nestes quadrantes, as expectativas continuam a aumentar devido à concorrência feroz no quadrante de Marca de produto pelas marcas verticais e de luxo que tentam continuamente construir os seus próprios valores de marca (ver Capítulos 4 e 5) e, claro, pela Amazon no quadrante de Fluidez. Se as estratégias da Walmart e da Jet correrem bem, a Walmart pode vir a alcançar ou exceder expectativas aqui, embora excedê-las seja talvez mais provável no quadrante de Fluidez do que no de Marca de produto.

Investir para o futuro no quadrante de Fluidez

A Walmart está a fazer inúmeros investimentos em tecnologia para competir com a Amazon. Uma das iniciativas é o investimento numa incubadora chamada Store No. 8, em que o objetivo é cultivar um negócio *start-up* e ajudar a moldar o futuro do retalhista. A Store No. 8 testa tudo, desde a robótica à entrega de mercearia.

Realidade virtual

Uma prioridade para a Store No. 8 é experimentar a realidade virtual, uma tecnologia que a Walmart acredita que pode ajudar na transformação do retalho. Se os telemóveis mudaram a experiência de fazer compras, por exemplo, imagine o que poderia ser possível num ambiente 3D que não é tão limitador como um pequeno ecrã de telemóvel. Uma experiência de realidade virtual que foi apresentada em vários eventos de comunicação social envolve permitir aos utilizadores que colocam os auscultadores espreitar para o oceano e conhecer várias espécies de peixes. Os clientes podem tocar nos peixes e ver o tipo de equipamento que devem comprar para pescar esse peixe. Há outros cenários que colocam o utilizador a bordo de um barco virtual. No geral, a ideia com a realidade virtual é situar o utilizador no ambiente apropriado ou contexto para o impelir a experimentar produtos caros.

Internet das Coisas

A Walmart está também a investir na plataforma da casa conectada e na tecnologia de voz. Em agosto de 2017, fez uma parceria com a Google para oferecer aos seus clientes a possibilidade de encomendarem centenas de milhares de produtos com a voz. Embora outros retalhistas como a Target, a Costco e a Ulta trabalhem com a Google para vender os seus produtos através da Google Express, só a Walmart tem permissão para aceder à rede de reconhecimento de voz. Quem compra na Walmart pode ligar a conta da Walmart à Google Express e encomendar os produtos que quiser, quer através de voz ou na Google Home, ou comprando na Google Express. Para facilitar o processo, o historial das compras anteriores estará acessível.

Opções de entrega mais rápidas, melhores

A Walmart adquiriu várias *start-ups* de entregas e logística para concorrer com a Amazon na entrega no mesmo dia. Entre elas está a Parcel, sediada em Brooklyn, que tem uma base de dados de todos os edifícios da cidade de Nova Iorque onde já fez entregas, assim como fotos e informação pormenorizada sobre onde se localizam as entradas de serviço e os elevadores em cada edifício. A Walmart também fez um acordo com o fornecedor de acesso inteligente Latch para facilitar as entregas aos clientes das áreas urbanas que não têm porteiro. A Latch tem sistemas de hardware e software que permitem a entrada numa casa através de métodos como a utilização de uma palavra-passe, de um *smartphone* ou cartão inteligente. A criação de palavras-passe temporárias permite ao serviço de entregas entrar sem precisar de chave.

A Code Eight é uma subsidiária da Walmart que tem estado a testar um serviço de compras pessoal para as «mães de Nova Iorque» (NYC moms). O serviço oferece recomendações e permite aos utilizadores fazerem compras através de mensagens de texto. Itens para a casa são entregues em 24 horas e outras compras chegam passados dois dias úteis. As devoluções são levantadas na casa dos utilizadores sem encargos.

Expansão global

A Walmart também formalizou uma parceria estratégica com a JD.com, a maior empresa de *e-commerce* da China. As duas empresas vão integrar as suas plataformas, cadeias de fornecimento, sistemas de gestão de inventário e recursos dos clientes. Isto irá permitir à Walmart oferecer aos compradores chineses um acesso mais rápido e conveniente aos seus produtos. Assim que uma encomenda se processa, os sistemas determinam se é um armazém da JD ou uma loja da Walmart que está mais próxima e usam-na como ponto de entrega. A JD.com irá também estabelecer estações de entrega nas lojas da Walmart para aqueles que quiserem comprar online e ir buscar às lojas.

Crescimento na marca de produto

Para fortalecer o quadrante da Marca de produto, Marc Lore anunciou uma estratégia de aquisição dupla com os seguintes objetivos: *(1)* captar a «cauda longa» e criar uma maior diversidade de produto online (que pode ser virtualmente ilimitada em tamanho), para conferir à Walmart a oportunidade de servir um conjunto mais diverso de preferências de clientes; e *(2)* diferenciar, oferecendo mais opções de marcas de topo.

Criar gamas mais diversas

Para alcançar o objetivo da «cauda longa» e aumentar a dimensão da gama de produtos online, foram feitas várias aquisições. Primeiro, enquanto ainda estava na Jet.com, Lore comprou uma empresa de produtos do lar de *e-commerce*, a Hayneedle, por 90 milhões de dólares, em fevereiro de 2016. Depois de entrar para a Walmart, continuou a adquirir retalhistas de *e-commerce*, incluindo calçado online, vestuário e acessórios de retalho, a ShoeBuy (70 milhões de dólares), equipamento de exterior e roupa desportiva, a Moosejaw (51 milhões de dólares).

A Walmart também fortalece a sua diversidade através das marcas próprias. A empresa teve historicamente três das marcas próprias mais vendidas nas suas lojas: a Equate, a Great Value e a Sam's Choice. A Jet.com anunciou recentemente que vai lançar a sua marca própria, dentro das marcas próprias mais requintadas, chamada «Uniquely J», que irá ajudar a aumentar a diversidade da Jet e a melhorar as margens. A linha inclui atualmente 50 SKU (unidades de stock) nas categorias de café, limpeza, lavagem de roupa, despensa, papel e armazenamento de alimentos, e estão previstas mais categorias para o futuro.

Acrescentar marcas de prestígio

Para acrescentar mais marcas de prestígio ao portefólio Jet.com, Lore está inclinado a adquirir as marcas verticais modernas digitalmente nativas que apelem a diferentes grupos demográficos, além dos que costumam comprar na Walmart.

Adquirir retalhistas online com chancelas de marca fortes permite a Lore criar marcas muito mais depressa do que seria possível no mundo físico. Os planos atuais são permitir a estas novas aquisições operar da forma que têm feito, em vez de as enquadrar numa experiência típica da Walmart. Para atingir esse objetivo, Lore comprou, por aproximadamente 70 milhões de dólares, a retalhista online de moda ModCloth, que vende tamanhos grandes e oferece estilo de moda *vintage*, e a retalhista de moda luxuosa Bonobos, por 310 milhões de dólares (ver Capítulo 4, para mais informação sobre a Bonobos).

Da parte da Walmart e da loja física, a Walmart anunciou que irá criar uma parceria com a Hudson's Bay's Lord & Taylor para oferecer «lojas dentro de lojas», em que o *merchandise* do armazém se apresenta dentro da Walmart. Esta jogada é uma tentativa de «subir a fasquia na moda» das marcas da Walmart — que nunca foi conhecida como retalhista de moda, ficou sempre em segundo lugar em relação à Target neste aspeto.

O conceito de loja dentro de loja permite à Walmart tanto potenciar a chancela de moda mais luxuosa da marca de retalho Lord & Taylor (o grande armazém mais antigo dos Estados Unidos), como aumentar a dimensão da sua gama. O negócio requer que a Lord & Taylor seja o grande armazém parceiro exclusivo de marcas de topo. Os produtos da Lord & Taylor também estarão disponíveis no website da Walmart.

Esta não é a primeira vez que a Walmart tenta subir a fasquia na moda. Já tinha feito uma parceria com a estrela *pop* Miley Cyrus e publicado anúncios na revista *Vogue*, mas essas ações não foram suficientemente significativas para deixar mossa na estratégia de marca de baixo preço e pouco prestígio da Walmart. A parceria com a Lord & Taylor pode ser benéfica para ambas as cadeias, tem o potencial de elevar as ofertas de moda da Walmart e de permitir à Lord & Taylor — atualmente uma retalhista regional com um impacto focado no noroeste — tornar-se uma retalhista a nível nacional sem ter de custear a criação de mais lojas tradicionais.

Tentar atingir valor justo no quadrante Experiencial

Embora a criação de experiências magníficas para o cliente nas suas lojas não seja uma área em que a Walmart vá provavelmente ser líder, a empresa está a começar a fazer testes neste quadrante para, pelo menos, se manter ao nível das expectativas crescentes dos clientes. Para atingir o valor justo no quadrante Experiencial, será importante tanto para a Walmart como para a Jet.com captarem e adquirirem grandes talentos.

Estão em curso planos radicais para garantir que isso acontece. Por exemplo, Lore tem estratégias delineadas para recrutar talento de topo das melhores universidades para especialistas de categoria de produto, o que irá incluir a gestão de todas as categorias, incluindo as experiências online e na loja. Segundo Lore, um dos pontos fracos da Amazon é tentar resolver tudo com computadores — e, por consequência, perde a ligação ao cliente humano.

À medida que são feitas aquisições, irá ser útil para a Walmart manter talento forte a bordo com a nova plataforma. Isto pode ser difícil, uma vez que frequentemente a cultura da *start-up* é bastante diferente da cultura da Walmart. Por exemplo, na aquisição da Bonobos, Lore certificou-se de que mantinha Andy Dunn, o CEO e cofundador da Bonobos, para supervisionar a integração das marcas digitais.

Há planos criados para que a Bonobos mantenha a sua identidade única. Mesmo depois da aquisição, a Bonobos vai continuar a operar de forma independente e vai construir mais lojas físicas, chamadas *guideshops* (lojas de referência), para oferecer uma experiência superior ao cliente (ver Capítulo 4, para mais pormenores). O investimento nestas *guideshops* vai ser medido nem tanto pela receita conseguida na loja, mas mais pelo marketing ou construção de valor de marca.

Usar tecnologia para elevar a experiência do consumidor

A Walmart está a experimentar várias ideias tecnológicas que podem tornar tanto a experiência de loja como online em casa mais experienciais para os consumidores. Por exemplo, está a explorar tecnologias de hologramas de 3D com a Bonobos que podem possibilitar que o cliente experimente roupa de forma virtual, permitindo-lhe tirar fotos em 3D e ver como fica a roupa disponibilizada no website ModCloth. A marca de roupa Rebecca Minkoff, que tem alguns artigos no Walmart.com, está também a trabalhar com a Walmart para explorar a ideia de uma «loja virtual interativa».

A Walmart também investiu em formação virtual baseada na realidade para vendedores de lojas. A tecnologia é de uma *start-up* chamada Strivr, fundada em 2015 pelo atleta Derek Belch, de Stanford, e pelo professor de Stanford Jeremy Bailenson, que permite aos atletas verem vídeos imersivos e compreenderem de forma mais aprofundada o seu desempenho no campo. A Walmart está a usar esta tecnologia para ajudar os vendedores de lojas a estarem preparados para as multidões da Black Friday; a tecnologia de realidade virtual permite aos vendedores verem o aspeto de uma invasão de loja e ajuda-os a perceberem como lidar com a situação.

Por fim, a Walmart está a investir em tecnologia na loja para tornar as compras no mundo físico mais fáceis. A Walmart deu aos vendedores das lojas aplicações mais recentes e atualizadas para ajudá-los a encontrar inventário e impulsionar as vendas. Está também a desenvolver um conceito de loja sem filas de pagamento nem caixas. A tecnologia está a ser desenvolvida para competir com as iniciativas «sem filas de pagamento» que estão atualmente disponíveis nas lojas Go da Amazon.

Embora a Walmart seja, de longe, o maior retalhista com uma estratégia de liderança na oferta de preços baixos, há outros a concorrer de forma bastante feroz com esta estratégia. A seguir, vou descrever sucintamente algumas das estratégias usadas.

Outros retalhistas de baixo preço bem-sucedidos

Lojas de preços baixos

Mesmo que outros retalhistas sofram dificuldades na era da Amazon, as lojas de preços baixos continuam a prosperar. A Dollar General está a abrir lojas sem parar e apresenta lucros elevados. Similarmente, a concorrente Dollar Tree, que é detentora da cadeia Family Dollar, também apresenta crescimento.

As lojas de preços baixos são pequenas em termos de impacto em relação às grandes superfícies de desconto e aos supermercados. O cliente-alvo é o comprador de baixo preço e focam-se em mercados que não estão propriamente bem servidos por outros gigantes do retalho. A Dollar General, por exemplo, pretende abrir lojas em locais rurais, fora das zonas urbanas, que ficam a quilómetros da Walmart mais próximo ou de outros retalhistas importantes.

Enquanto no passado a mercadoria era uma espécie de mescla, a variedade de produto nestas lojas foi afinada e focou-se mais nas mercearias, bens para a casa e outros consumíveis. Enquanto outros retalhistas exploram o digital, estes constroem lojas novas, uma vez que as lojas físicas são centrais na sua estratégia.

As lojas de preços baixos estão também a beneficiar do efeito Amazon. Atualmente, apenas 70% dos clientes destas lojas têm smartphones, o que significa que a população típica de comprador numa loja de preços baixos não tem uma sobreposição significativa com os compradores online. Mais, muitas das transações são feitas em dinheiro, o que não é possível nas compras online.

Para além das pessoas que não compram ou não podem comprar online, há provas de que os *millennials* que ganham mais que 100 mil dólares também compram neste tipo de loja. Um estudo revela que cerca de 29% dos consumidores *millennial* das lojas de preços baixos ganham mais de 100 mil dólares/ano — e representam cerca de 25% das vendas nessas lojas.

Target

A Target é outra importante retalhista a competir no quadrante do Baixo preço e é uma concorrente direta da Walmart. Como a Walmart, depende historicamente das suas lojas grandes para aumentar as receitas. Mas considerando o ambiente de compras em mutação, tem estado a aumentar o negócio online e teve um aumento de 32% nas vendas online face ao período homólogo em 2017.

A Target também está a desenvolver uma estratégia de omnicanal, encoraja os clientes a encomendarem online e a irem buscar às lojas. Há planos estabelecidos para acrescentar o serviço de entrega no local para encomendas online e para acrescentar entregas ao sábado. A Target está a melhorar a cadeia de fornecimento e a capacidade logística através da modernização da cadeia de fornecimento e fazendo compras estratégicas como a da Grand Junction, uma empresa de tecnologia de transportes de Nova Iorque.

Embora a Target tenha beneficiado nos últimos anos com uma mística de *merchandising* de «design» relativamente alto, com a sua faixa de preços, sendo batizada «Tar-zhay» («Target» pronunciado como se fosse uma palavra francesa), recentemente esta reputação foi manchada porque cada vez mais clientes recorrem à conveniência superior da Amazon.

A Target está a responder com a introdução de novas marcas próprias, como a Cat & Jack, direcionada para crianças, que teve muito sucesso no primeiro ano de lançamento. Também está a estudar o lançamento de 12 novas marcas de criança (Cloud Island), maternidade (Isabel Maternity), mulher (A New Day), homem (Goodfellow & Co.), casa (Project 62) e moda de desporto feminina (JoyLab).

Além disso, a Target está a investir em publicidades mais modernas, de rotatividade mensal. Os clientes responderam. A Target anunciou que as vendas comparáveis aumentaram 3,4% em novembro e dezembro de 2017, muito além das expectativas de Wall Street, e a Target espera que o crescimento das vendas continue no ano seguinte. Mais importante, anunciou que tinha mais clientes nas lojas.

A Target também está a dar prioridade às suas lojas de pequeno formato, que são dirigidas a três tipos de mercados: centros urbanos, centros suburbanos e *campus* universitários. Estas lojas focaram-se em mercadoria especificamente para estes tipos de clientes e também podem servir de centros de processamento para as encomendas online.

A Target anunciou algumas parcerias com marcas verticais digitalmente nativas (ver Capítulo 4) para ir ao encontro dos gostos dos clientes *millennials*, embora a estratégia seja muito diferente da Walmart. A Target estabeleceu uma parceria com a Casper e o serviço de subscrição de cuidados de beleza para homem Harry's, que vai ajudar a empresa a competir contra a Amazon e a Walmart. Esta estratégia de parceria é consistente com a história da Target. No passado, a Target desenvolveu a chancela de marca de moda através de parceiras com marcas de luxo de topo e estilistas modernos como Michael Graves, Missoni, Proenza Schouler, e Isaac Mizrahi, entre muitos outros.

ALDI

O ALDI é uma cadeia de supermercados alemã que está agora a competir nos Estados Unidos e que vende marcas próprias de cópias de produtos americanos consagrados. Foi fundado pelos irmãos Albrecht, que trabalhavam no negócio de retalho da mãe, alemã. Apresentaram o nome «ALDI» em 1961 como versão encurtada de Albrecht Diskont (Albrecht Desconto). O ALDI foca-se na caça à pechincha.

Ao contrário dos supermercados tradicionais, não há departamentos de apoio ao cliente; é tudo *self-service* e já está embalado. Os clientes acondicionam as próprias compras. As lojas são pequenas e não têm tudo o que um supermercado mais tradicional pode ter. Os carrinhos têm de ser pagos com depósito e devolvidos pelo cliente, para eliminar exigências de pessoal. Não há publicidade.

Os únicos funcionários que o ALDI tem são operadores de empilhadoras que trazem paletes novas, funcionários de caixa e talvez um segurança. Não há outras marcas além das marcas próprias do ALDI; o motivo de compra nesta loja é completamente baseado nos preços baixos. As marcas de loja parecem marcas nacionais dos Estados Unidos, mas não são. O processo de compra é muito simples — não há cedências nos preços, não há cupões, não há saldos. As estimativas são que toda a variedade de produtos do ALDI vende a 17% a 21% menos que a Walmart.

O ALDI é, até agora, um pequeno interveniente e representa apenas 1,5% do mercado de supermercados dos EUA, mas estava a crescer a 15% em 2017. Há planos estabelecidos para remodelar as lojas mais antigas e abrir 400 novos locais. A empresa sinalizou que os preços baixos vão ser a única vantagem; se os rivais competirem no preço, o ALDI vai responder.

Conclusão

Dado o apelo das estratégias de baixo preço, a concorrência neste quadrante é feroz. Claro, neste campo, a Walmart é o maior interveniente e quem tem mais a perder, mas está a reagir de forma agressiva para preservar a sua posição. À medida que a Amazon abre mais lojas físicas e potencia ao máximo a sua aquisição da Whole Foods, é provável que a concorrência aumente ainda mais. Outros retalhistas de preços baixos, como as lojas de preços baixos, o ALDI e a Target estão também a proteger agressivamente a quota de mercado.

Embora os preços baixos sejam apelativos para segmentos grandes de clientes, se esses retalhistas não responderem às mudanças nas expectativas do cliente nos outros quadrantes, em particular no quadrante da Fluidez, podem acabar por perder para a Amazon, que está a tornar as compras online a norma e consegue equiparar preços impiedosamente, se quiser, e oferecer um serviço e conveniência superiores.

CAPÍTULO 4

Diferenciar na marca: a marca verticalmente integrada

Neste capítulo:

- Competência de liderança principal: promoção da marca do produto
- Competência de liderança secundária: preços baixos
- Valor justo na fluidez e experiencial

Sendo que a Walmart e a Amazon competem nos quadrantes Fluidez e Preço baixo, existe a possibilidade de rentabilizar as fraquezas relativas nos quadrantes Marca de produto e Experiencial.

As pessoas andam a prever a morte das marcas há uma eternidade. Na recessão do início dos anos 90, as capas das revistas estavam cheias de previsões. Passados uns anos, quando a Amazon estava a apresentar o *e-commerce* às massas, voltaram a proclamar que a internet e a facilidade com que as pessoas podiam comparar preços iria matar as marcas.

Na recessão de 2008, os entendidos diziam que as pessoas já não podiam pagar produtos a preços elevados e que esta nova sensibilidade aos preços ia manter-se muito depois de as condições económicas terem melhorado. Mas as marcas têm sido surpreendentemente resilientes. Vezes sem conta, as evidências confirmam que os produtos de marca excedem o crescimento do PIB em mais de 30%.

Neste capítulo centro-me num tipo de marca em especial: marcas verticalmente integradas (marcas V), ou marcas de produto que vendem diretamente ao consumidor final e não costumam estabelecer parcerias com outros retalhistas. Normalmente, também não vendem produtos de marca que não sejam delas (embora, reitero, o possam fazer e façam em circunstâncias especiais). Em suma, porém, a ideia é que o nome da marca do produto e o nome da marca do retalhista sejam um só.

A integração vertical é necessária para esta definição, mas não basta para se obter liderança de mercado. As marcas V particularmente poderosas em que vou focar-me têm duas características que resultam em liderança de mercado. A primeira, a marca propriamente dita, tem de oferecer uma proposta emocionalmente atraente; tem de ter uma narrativa de marca única dirigida de forma apaixonada a um segmento central de clientes. Normalmente, são nomes de marca que remetem para alta qualidade e design.

Em segundo lugar, estas marcas V reforçam esse compromisso com o cliente ao potenciarem a vantagem de eliminar intermediários e, assim, oferecer uma proposta de valor muito melhor e uma relação muito mais próxima. A proposta de valor na fixação dos preços não é comunicada como uma componente da marca (por exemplo, como a «Walmart» significa preços baixos), mas como uma função de criatividade no sistema de distribuição. Em relação à Matriz Kahn de Sucesso no Retalho, significa que são líderes no quadrante Marca de produto e que potenciam a essa vantagem, sendo também líderes no quadrante do Baixo preço. Oferecem produtos de topo a um ótimo preço.

As marcas V existem nas lojas físicas e online

Há dois grupos de retalhistas de sucesso que usam uma estratégia de marca verticalmente integrada para competir. O primeiro é o dos pioneiros no retalho vertical que construíram marcas poderosas a vender em lojas físicas. Vou usar como exemplos duas marcas V de retalhistas que estão, até à data, a competir com sucesso contra a Amazon nas áreas de vestuário e supermercados: a Zara, uma retalhista que inventou a «fast fashion» e continua a deliciar o seu segmento principal, e a Trader Joe's, uma retalhista de supermercados excêntrica que as pessoas «f*@%ing love», segundo a crítica gastronómica do Colorado Jenn Wohletz. Ambas as retalhistas têm seguidores apaixonados e ambas usam o facto de venderem diretamente ao cliente final para oferecerem vantagens incríveis nos preços.

Em segundo lugar, há um grupo de marcas V relativamente novas que começaram como retalhistas de *e-commerce* e têm cultivado, similarmente, um grupo de seguidores apaixonados. Estes retalhistas foram batizados de «marcas verticais digitalmente nativas» (digitally native vertical brands) (DNVB) por Andy Dunn, o fundador da Bonobos e atual vice-presidente sénior de marcas de consumidor digital no Walmart eCommerce. Os exemplos a que vou referir-me são da Warby Parker, da Bonobos e da Casper — todas declararam ter passado da marca dos 100 milhões de dólares em receita anual.

Como outras marcas de *e-commerce*, as DNVB começam online e vendem diretamente ao cliente final, daí o nome: são simultaneamente digitais (online) e verticais (vendem diretamente ao consumidor final). Mas as DNVB diferem na dimensão de «marca». Concretamente, enquanto grupo, estas marcas estão, como Dunn explica, «obsessivamente focadas na experiência do consumidor»; captam todas as transações e interações e comprometem-se a entender e a facultar um valor real ao consumidor.

Devido a este foco da marca no cliente, as margens brutas dos seus produtos são pelo menos o dobro das dos retalhistas apenas dedicados ao *e-commerce* (por exemplo, 65% vs. 30%), segundo Dunn; e as margens de contribuição podem ser quatro a cinco vezes superiores (por exemplo, 40% a 50% vs. 10%). Embora estas marcas comecem online, as mais fortes costumam expandir para lojas físicas, extensões da presença online e da mesma maneira estritamente controladas.

Traçar esta estratégia na matriz Kahn de sucesso no retalho

Sendo que estas estratégias dependem de estratégias de promoção de marca claramente diferenciadas, cada retalhista tem uma história única para contar, que vou discutir adiante. Embora estas diferenças individuais existam, as estratégias de todos os retalhistas de marca V têm características em comum que podem ser traçadas na matriz Kahn de sucesso no retalho (ver Figura 4.1).

A vantagem fundamental tanto para o grupo de marcas antigas como para as DNVB começa pelo produto forte e valor de marca. Ambas lucram com a estratégia de distribuição direta para se tornarem líderes no quadrante de Baixo preço. Depois, potenciam estas duas vantagens de liderança para se tornarem líderes de mercado no quadrante Experiencial.

Estes dois grupos de retalhistas de marca V diferem significativamente em dois aspetos. Por um lado, os retalhistas de marca V antiga estão a tentar acompanhar no quadrante da Fluidez. Foram líderes no mundo das lojas físicas e são mais lentos a responder aos novos padrões de compras, devido às compras online e ao comércio móvel. Por outro lado, as DNVB começaram online, só depois passaram para as lojas físicas, portanto, já são fortes no quadrante da Fluidez.

Figura 4.1. Enquadrar as marcas verticais na matriz Kahn de sucesso no retalho

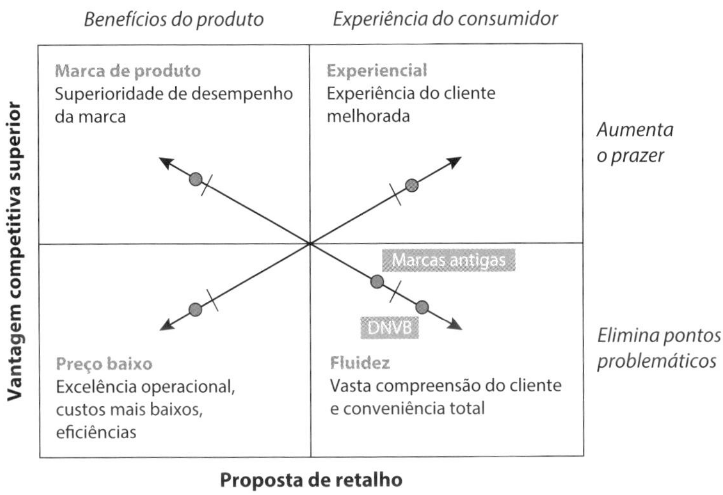

A segunda diferença entre os dois grupos de retalhistas é a dimensão. Enquanto as DNVB que irei discutir passaram da marca dos 100 milhões de dólares de receita, muitas das novas *start-ups* ainda não atingiram esse valor, e muitos desses retalhistas ainda não apresentam lucros. Por outro lado, os retalhistas antigos que estou a discutir são significativamente maiores. A Zara, por exemplo, declarou 23 mil milhões de euros em receitas para o ano de 2016 e um lucro líquido de 3,16 mil milhões de euros. Da mesma maneira, a Trader Joe's, que é uma empresa privada, declarou 13 mil milhões de dólares em receitas em 2015.

Desempenho de marca superior

A posição de liderança fundamental destas marcas V é que oferecem um valor de marca muito forte que leva a fidelização à marca no longo prazo e a uma comunidade de marca. Estas marcas estabeleceram uma narrativa atrativa e reforçaram-na através de um marketing inteligente e estratégias de relações públicas. As reputações são cimentadas através de fortes recomendações de clientes, boca a boca e com vídeos virais. Isto significa que estão muito acima do valor justo no quadrante de Marca de produto.

Estas marcas não costumam fazer publicidade, em vez disso, a mensagem é enviada através de conteúdo gerado pelos utilizadores. Este método de promoção não é só rentável, também gera confiança e aumenta a conversão através do princípio da homofilia — a tendência de as pessoas criarem laços com pessoas parecidas com elas. Por outras palavras, se alguém parecido consigo lhe recomenda algo, é mais provável que vá gostar.

Ao controlar todo o processo de distribuição, as marcas V conseguem melhorar bastante a experiência das compras, retirando, ao mesmo tempo, pontos problemáticos (em resultado dos dados extensivos dos clientes e da contínua interação e *feedback* dos clientes) e oferecendo eventos e processos personalizados e divertidos.

Preços mais baixos passando por custos mais baixos obtidos pela eliminação de etapas

O modelo direto apresenta várias vantagens. A primeira, através de fontes diretas de fornecimento, os retalhistas conseguem obter uma redução média entre 2% e 4% no custo dos bens vendidos, eliminando deficiências na cadeia de fornecimento. A relação direta com os fornecedores também permite iterações rápidas no design de produto e uma resposta mais rápida às mudanças na procura e às tendências da moda.

Em segundo lugar, eliminando outras etapas do processo de retalho na cadeia de distribuição para o consumidor final, as marcas V conseguem eliminar margens excessivas e manter essas poupanças. Isto permite-lhes competir com maior eficácia nos preços. Também lhes permite controlar melhor a narrativa da marca porque não há outros retalhistas a comunicar no ponto de venda. Por fim, ficam com o controlo dos dados do cliente.

A outra vantagem do modelo direto é um melhor controlo de inventário, o que contribui para a gestão da necessidade de reduções de preços no final da estação. Normalmente, os retalhistas que recorrem a esta estratégia oferecem melhor valor de preços usando estratégias de «preços baixos todos os dias», e mínimas ou quase nenhumas promoções. Assim, estas marcas ficam acima do valor justo no quadrante dos Preços baixos.

Experiências de cliente excecionais nas lojas físicas

Os dois tipos de retalhistas de marca V diferem nas estratégias experienciais porque vêm de direções diferentes, mas estão ambos muito acima do valor justo na oferta de experiências que entusiasmam clientes nas lojas físicas.

Os retalhistas antigos, como a Zara, a Trader Joe's, o Ikea, a Victoria's Secret e outros, sempre se diferenciaram através das suas lojas. Como estes retalhistas são diretos, aproximam-se mais dos clientes e conseguem ir mais depressa ao encontro das necessidades destes nas lojas. Como irei descrever, por exemplo, a estratégia da Zara é prestar atenção àquilo que os clientes querem e garantir que esses designs chegam às lojas o mais depressa possível. Os designs que não vendem são eliminados com a mesma rapidez. As lojas da Trader Joe's, entretanto, são únicas, interessantes, excêntricas e também muito sensíveis aos gostos dos clientes.

Para as DNVB, a abertura das primeiras lojas físicas permite-lhes fazerem testes. Muitas das primeiras lojas destes retalhistas foram *pop-up*, para se poder observar o comportamento do consumidor antes de se levarem a cabo grandes investimentos. As DNVB também beneficiam de um conhecimento íntimo de como os clientes procuram, pesquisam e compram, devido aos extensos dados da experiência de compras online. Em resultado, quando os retalhistas DNVB abrem as primeiras lojas, têm uma aparência diferente das lojas dos retalhistas antigos.

Por exemplo, para muitas DNVB, as lojas físicas não apresentam inventário extenso, operam antes como *showrooms* que alargam a experiência digital em vez de substituí-la. Estes *showrooms* oferecem oportunidade ao cliente de tocar e sentir o produto, interagir com vendedores experientes e fazer a compra final online com serviço de entrega em casa.

Da mesma maneira, estas novas lojas DNVB podem oferecer oportunidades experienciais baseadas nos comportamentos estudados online. Por exemplo, a Alo Yoga («Alo» é acrónimo de «Air, Land, and Ocean/Ar, Terra e Oceano»), que vende equipamento de desporto, abriu uma loja de referência em Beverly Hills com salas de ioga e *fitness* e tem uma área de estar para os clientes descontraírem. Quando a Birchbox abriu a primeira loja na cidade de Nova Iorque, organizou-a por categoria de produto e não por marca. Também oferecia espaços para experimentar os produtos e áreas para o cliente ficar a saber mais sobre os artigos.

Embora tenham vindo de direções diferentes, ambos os tipos de retalhistas são capazes de estar à altura das mudanças nas expectativas dos consumidores no que respeita às experiências na loja, portanto, ambas estão acima do valor justo no quadrante Experiencial.

Conveniência simplificada

A maior diferença entre os dois tipos de marcas V é no quadrante Fluidez. Como as DNVB começaram online, conseguem antecipar as necessidades dos clientes e responder da mesma forma que a Amazon responde a essas necessidades. Mais, quando constroem lojas físicas, as experiências online e offline são instantaneamente fundidas, uma vez que os clientes estão habituados a interagir com eles de um para um online. Como a Amazon, as DNVB têm dados extensivos dos clientes e conseguem criar estratégias centradas nestes.

Os intervenientes antigos têm de acompanhar neste espaço. Alguns estão rapidamente a desenvolver estratégias de omnicanal para oferecer uma experiência fluida online e offline. Outros estão desfasados e a presença no *e-commerce* é bastante limitada.

Estas estratégias são traçadas na matriz Kahn de sucesso no retalho na Figura 4.1.

Irão estes retalhistas ser bem-sucedidos?

Quando traçadas na matriz, as estratégias destas empresas parecem bastante sólidas. Os retalhistas DNVB estão acima do valor justo, são líderes de mercado em todos os *quatro* quadrantes, não só nos dois sugeridos, e os retalhistas antigos estão acima do valor justo em três dos quatro quadrantes. São claramente posições muito sedutoras, mas há riscos para o futuro.

Sucesso de marcas V antigas

Para os retalhistas antigos, o ponto fraco no quadrante Fluidez pode ser um calcanhar de Aquiles. À medida que a Amazon fica cada vez mais forte, as expectativas dos clientes neste quadrante vão aumentar rapidamente e o mais provável é que percam a paciência para os retalhistas que não conseguem satisfazer as suas exigências de conveniência e entrega.

Mais, embora a Amazon se encontre atualmente atrás destes retalhistas quanto à marca de produto e ambientes experienciais em lojas físicas, pode tentar mitigar as suas fraquezas com aquisições estratégicas. Como referido no Capítulo 2, a Amazon está a investir na moda e, com a compra da Whole Foods, pode competir nestes quadrantes no setor dos supermercados, se assim o desejar. Com a aquisição da Jet.com e de outras DNVB, também a Walmart será capaz de competir com eficácia.

Sucesso dos retalhistas DNVB

É evidente que os retalhistas DNVB têm uma estratégia viável preparada e, até ao momento, as contas batem certo. Mas o número destes intervenientes ainda é bastante diminuto, portanto, ainda não apresentam resultados rentáveis. Se conseguirem expandir-se com sucesso, podem vir a assegurar 30% das margens operacionais (segundo Marc Lore), o que poderá ser viável. Mas têm de ultrapassar a curva — que alguns peritos calculam que esteja entre os 100 e os 200 milhões de dólares em receita.

As DNVB de maior sucesso (como a Warby e a Casper) têm hipótese de sobreviver, mas muitas das mais pequenas podem ficar presas na margem dos 50 milhões de dólares de receita e não sobreviverem no longo prazo. Em alternativa, algumas podem ser compradas por retalhistas com grande poder de compra, tal como quando a Walmart comprou a Bonobos e a ModCloth, a Unilever comprou a Dollar Shave Club e a Amazon comprou a Zappos. A barra lateral das «Top 25 DNVB de 2017» elenca as marcas digitalmente nativas de maior sucesso desse ano.

Mais, como estas DNVB têm financiamentos externos, não dependem inicialmente de fluxo financeiro nem de rentabilidade para continuarem viáveis, como aconteceu às marcas antigas. Estes financiamentos externos ajudaram as DNVB a angariar receita muito mais depressa do que as marcas antigas como a Nike, a Patagonia ou a Victoria's Secret. Mas as DNVB vão acabar por precisar de duas ou três vezes os seus custos de aquisição em margens para singrarem.

Top 25 DNVB de 2017

- Alo Yoga
- Away Travel
- Birchbox
- Bonobos
- Casper
- Draper James
- Eloquii
- Everlane
- Glossier
- Harry's
- Kopari
- M.Gemi
- MM.LaFleur
- Morphe
- MVMT
- Outdoor Voices
- Parachute
- Perverse
- Quay Australia
- Rockets of Awesome
- Rothy's
- Saxx Underwear Co.
- Stance
- Thirdlove
- Warby Parker

Fonte: *Pixlee*, Relatório das *Top 25 Marcas Verticais Digitalmente Nativas*, 2017.

Mesmo que consigam aumentar as receitas, o outro problema com muitas destas novas DNVB é que são frequentemente marcas de moda. Muitas estão a tirar proveito dos gostos dos *millennials* e da Geração Z, mas esses gostos podem mudar. Como o comentador de retalho Richie Siegel sugeriu no website The Business of Fashion: «Se a Ralph Lauren não é bem-sucedida, será por causa do modelo ou porque a estética deixou de fazer sentido para a Gen Z, que rejeita as gravatas e os *blazers* dos avós?»

Como é que estes retalhistas construíram as narrativas das suas marcas? Alguns exemplos

O segredo do sucesso destes retalhistas de marca V é a história da marca, e cada uma é única. Vou resumir as estratégias de marketing de alguns dos retalhistas fundamentais.

Zara

A Zara, um retalhista de roupa internacional, propriedade da Inditex e com sede em Espanha, foi fundada em 1975. Desde o início, a missão da marca foi oferecer vestuário com designs novos e modernos (muitas vezes cópias de estilos populares de moda mais cara) feitos com materiais de qualidade — e acessíveis. Para concretizar esta missão, a empresa investiu num processo de produção e distribuição capazes de reduzir ciclos de produção e de reagir às tendências mais rapidamente. Investiu extensivamente em TI e expandiu-se a nível global. Há mais de 7 mil lojas Zara, e o crescimento continua a ser rápido.

A Zara foi uma das originadoras da «fast fashion». Ao contrário dos ciclos de produção de 12 a 18 meses de muitos dos seus concorrentes no ramo da moda, a Zara conseguia desenhar e vender a coleção em apenas quatro semanas. A maior parte das marcas de moda têm uma abordagem de cima para baixo, dependem de um estilista conhecido e talentoso para ditar os estilos e as modas da estação. A Zara trabalha de baixo para cima. Observa as tendências e as reações dos consumidores à sua marca, vê o que as pessoas andam a vestir, analisa *blogs* e desfiles de moda, e depois produz designs que acredita que vão interessar aos clientes.

Esta abordagem costuma funcionar bem, embora ocasionalmente surjam percalços, sobretudo relacionados com acusações de suposto plágio. A empresa já foi processada no passado por estilistas independentes e marcas de luxo, mas quase todos os casos são resolvidos a favor da Zara, porque a empresa consegue alterar o design o suficiente para contornar as leis de direito de autor. Esta abordagem pode não servir bem os estilistas, mas os clientes reagem de forma muito positiva.

O facto de ser tão centrada no cliente significa que a Zara tem maior probabilidade de adivinhar que estilos vão estar na berra e, portanto, terá menor probabilidade de ficar com excesso de inventário no final da estação. A Zara também aumenta o desejo pelos seus designs ao produzir em menor quantidade de cada estilo e mudando de itens nos pisos de vendas com frequência. Isto significa que tem muito menos inventário de um estilo em particular, mais uma vez, reduzindo o risco de previsões erradas.

Esta mudança frequente de inventário leva o cliente mais vezes à loja para ver o que há de novo. Também ensina que, se vir algo de que gosta, deve comprar logo, porque para a próxima pode já não haver. A influência da Zara no mercado foi tão grande que casas tradicionais como a Prada e a Louis Vuitton começaram a fazer quatro ou seis coleções todos os anos, em vez de apenas duas.

Com estas estratégias estabelecidas, cada um dos estilos só fica nas lojas três a quatro semanas, portanto, o inventário muda 17 vezes por ano. Com o objetivo de fomentar mais compras, o fundador da Zara, Amancio Ortega, incentivou os clientes a pensarem na roupa como uma mercadoria perecível ou «roupa descartável». As pessoas devem comprar as últimas tendências, usá-las, deitá-las fora e comprar a tendência seguinte.

Fundamental para o valor da marca Zara é que consegue prever e produzir os designs de moda mais na berra de forma irrepreensível. O facto de o ter concretizado com consistência numa indústria notória pela sua inconstância é mérito dos sistemas e processos estabelecidos. Não se trata de sorte, mas do facto de a Zara ter uma filosofia centrada no cliente.

Importância de lojas físicas e vendedores

Central à estratégia de moda são os vendedores que recebem formação para ouvir os clientes e para relatarem o que ouviram. A primeira coisa, todas as manhãs, é uma reunião do pessoal e dos gerentes de loja para discutirem quais foram os itens mais vendidos do dia anterior, quais foram devolvidos, o que os compradores disseram e em que tendências repararam na loja. Nenhum pormenor é irrelevante e todos os comentários do cliente são levados a sério.

Estes dados são inseridos num sistema e a sede usa tecnologia avançada para analisar as atualizações diárias e usá-las para ajudar a determinar as ofertas futuras. Os dados são usados por designers internos para fazer ofertas direcionadas para o cliente, com as tendências apropriadas. Além de observarem os comportamentos na loja Zara, os compradores visitam universidades, discotecas e outros locais para verem o que as pessoas andam a vestir. Recentemente, também analisaram as redes sociais, conversas online e *bloggers*.

A sua estratégia de marketing não se baseia em publicidade, mas sim em boca a boca e nas montras das lojas, portanto, as lojas são uma parte fulcral do marketing. A prioridade da Zara foca-se atualmente em lojas de referência em locais muito movimentados, frequentemente ao lado de marcas de luxo como a Prada e a Chanel. Está a fechar as lojas mais pequenas. As montras exibem as peças mais sofisticadas da coleção e mudam com frequência.

A cadeia de fornecimento de integração vertical da Zara

A completar esta abordagem centrada no cliente está uma cadeia de fornecimento verticalmente integrada que envia novos produtos para as lojas duas vezes por semana. Um melhor controlo de inventário elimina a necessidade de armazéns.

A Zara também tem uma abordagem mais sofisticada de compras e de produção. Os itens mais sofisticados (e, por isso, mais arriscados) são feitos em fábricas da empresa localizadas em Espanha, no Norte de Portugal e na Turquia. Os itens com padrões de procura mais previsíveis, como t-shirts básicas, são fabricados em fornecedores de baixo custo noutros locais. Das próprias fábricas em Espanha, a Zara transporta o produto por via aérea diretamente até às lojas do mundo inteiro, eliminando etapas e tornando os prazos de entrega muito mais rápidos do que os retalhistas que fabricam na Ásia conseguem concretizar. Isto ajuda a garantir que a Zara está em primeiro lugar na oferta de moda e prova ser muito mais flexível.

O ponto fraco da Zara

Como referido, a Zara é muito forte nas lojas físicas, mas, ao contrário das DNVB, não tem grande história digital (só começou a oferecer oportunidades online em 2010) e está atrasada no comércio móvel. Em 2017, os peritos estimaram que apenas 5,5% das vendas da Inditex foram feitas online, o que é surpreendente, dado o segmento alvo serem *millennials* e a Geração Z. Parte deste movimento lento é talvez o resultado da dependência da Zara das interações na loja para fomentar as informações que obtém do mercado.

No entanto, a Inditex anunciou que está a planear uma integração plena das lojas físicas com as compras online e a abertura de novas lojas vai refletir essa estratégia. Por exemplo, os clientes vão poder ir buscar e devolver compras feitas online na loja. A empresa está também a dar prioridade à estratégia online. Os clientes online são direcionados para a homepage da Zara, que ilustra a sua moda em rápida mudança.

A liderança de preços da Zara pode também estar a ser ameaçada pela Amazon, sobretudo se a Amazon desenvolver alguma credibilidade na frente da moda. A Zara tem ainda outras concorrentes. Há outras retalhistas de «moda rápida», como a H&M e a Mango, mais baratas, mas cuja qualidade pode não ser considerada tão boa. Há novos agregadores de moda digital, como a Lyst, a Farfetch, a Spring, a Yoox e a Net-a-Porter, que são também concorrentes credíveis.

Trader Joe's

A Trader Joe's, propriedade do ALDI, declarou que a sua missão é oferecer comida e bebida de boa qualidade com um sentido de cordialidade, simpatia, diversão, orgulho individual e espírito de empresa. Como os outros retalhistas descritos neste capítulo, a Trader Joe's elimina etapas com o objetivo de obter vantagens de custo e passá-las ao consumidor final, enquanto preços baixos. Compra diretamente aos fornecedores em volume, o que resulta em melhores preços da mercadoria. Mais, não cobra aos fornecedores taxas de alocação para colocarem os itens na prateleira, o que reduz ainda mais o preço de venda.

Embora a Trader Joe's venda mercadorias de intermediários, não tem muitos itens de marcas nacionais disponíveis nas lojas. Os peritos estimam que 80% dos produtos da Trader Joe's sejam «internos» e que não estejam disponíveis em mais lado nenhum. O website do retalhista declara: «Na Trader Joe's, não vai encontrar muitos produtos de marca. Encontra produtos pouco convencionais e interessantes da marca Trader Joe's, assim como básicos do dia a dia. Compramos produtos que consideramos vencedores e que constatamos que os nossos clientes adotam. Por vezes, é um produto que pretendemos armazenar, desde que venda bem; e outras vezes compramos um produto em quantidades limitadas, vendemos, e não voltará a encontrá-lo. Tudo faz parte da aventura das compras da Trader Joe's.» Então, como a Zara, a Trader Joe's incentiva os clientes a comprar quando veem as coisas e a compreenderem que certos produtos podem não estar sempre disponíveis.

A Trader Joe's tem uma onda, e é um dos poucos supermercados de dimensão média que está a ser bem-sucedido no mundo dos gigantes do retalho: a Walmart, a Amazon, a Costco e a

Target. Mais nenhuma cadeia oferece o mesmo: marcas únicas, naturais, que não encontra em mais lado nenhum. A experiência de compra na Trader Joe's continua a agradar aos clientes que frequentemente esperam em longas filas e aceitam que os produtos esgotem sem queixas, em grande parte, devido à lealdade feroz ao ambiente excêntrico.

A vulnerabilidade da Trader Joe's

Com a compra da Amazon da Whole Foods, a Trader Joe's está, sem dúvida, debaixo da mira. Imediatamente depois do anúncio da compra, quando a Amazon reduziu os preços da Whole Foods numa jogada bastante publicitada, 10% dos clientes da Trader Joe's divergiram para a Whole Foods. Esse número desceu para 6% com o passar das semanas, o que sugere que há uma forte fidelização à Trader Joe's, mas o que o futuro trará é incerto.

Para além disso, embora a Trader Joe's tenha compradores muito fiéis nas lojas físicas, está a ficar significativamente para trás no quadrante Fluidez. A Trader Joe's ainda não tem uma estratégia online marcante. Podemos comprar online na Trader Joe's, sim, mas a entrega será feita através de serviços de terceiros. Também se pode encomendar através da Amazon. Atualmente pode não ser uma grande questão, uma vez que as mercearias e a alimentação ainda são categorias que se compram sobretudo offline, mas, se o comportamento do consumidor mudar ao longo do tempo, a Trader Joe's irá ficar numa posição significativa de desvantagem.

A Trader Joe's não parece estar particularmente interessada no universo online no geral. Embora tenha páginas de redes sociais, são páginas geridas sobretudo por fãs. Até agora, a fidelização às lojas excêntricas da Trader Joe's e oferta de produto única tem protegido a marca sem grande invasão da Amazon/Whole Foods, mas só o tempo dirá o que vai acontecer.

Warby Parker

A Warby Parker é muitas vezes citada como um protótipo de DNVB. A empresa foi fundada em 2010 em Filadélfia, quando Neil Blumenthal, Dave Gilboa, Jeff Raider e Andy Hunt eram alunos de MBA em Wharton.

A indústria designer de óculos era um mercado grande na altura, com receitas superiores a 65 mil milhões de dólares, dominada por uma única empresa, a Luxottica, que tinha uma quota de mercado significativa. Este domínio era, de certa forma, mascarado, porque a empresa operava sob muitos nomes de marcas diferentes. Por exemplo, a Luxottica detém marcas apenas de óculos como a Ray-Ban, a Oakley e a Oliver Peoples; tem licenças de moda de marcas como a Chanel, a Versace, a Polo e a D&G; tem os seus próprios retalhistas de óculos, incluindo a LensCrafters, a Sunglass Hut, a Pearle Vision, e trabalha com a Target e com a Sears nas secções de ótica. Também é proprietária da empresa de seguros de ótica EyeMed.

Devido ao domínio da Luxottica, a indústria teve margens de lucro muito elevadas. Os produtos cujos custos de fabrico e distribuição ficavam por 25 dólares podiam ser vendidos a 400 dólares no retalho, incluindo venda grossista, licenciamento e margens de retalho. Mais, esta categoria era vendida quase exclusivamente em lojas físicas.

Mas os fundadores da Warby Parker especularam que, se conseguissem convencer os consumidores a comprar online e gerir todo o ciclo de distribuição, vendendo diretamente aos utilizadores finais (assim eliminando muitas etapas), conseguiam produzir um produto de alta qualidade a um quarto do preço de retalho.

Inovações centradas no cliente que construíram a marca

Uma das grandes questões em vender óculos diretamente online era o facto de os consumidores estarem habituados a experimentar as armações nas lojas físicas. Como poderiam convencer-se a comprar óculos online sem os experimentarem?

A primeira grande inovação da equipa para resolver este problema foi o programa «Home Try-On/Experimente em Casa», em que os consumidores podiam experimentar cinco armações em casa grátis, durante cinco dias. Este programa teve um sucesso incrível logo desde o início porque era conveniente, fácil, eliminava qualquer risco e oferecia às pessoas óculos de grande qualidade a um preço fantástico: 99 dólares. Óculos de designer equivalentes prescritos por médicos eram vendidos a 300 dólares ou mais na altura.

O programa «Home Try-On» trouxe outros benefícios não antecipados. Afinal, as pessoas não têm grande capacidade para determinar quais os óculos que lhes ficam bem no rosto. Então, quando recebiam os óculos em casa, era frequente publicarem fotos nas redes sociais com armações diferentes a perguntar a opinião dos amigos. Isto gerou consciencialização da opinião pública e confiança na marca. Mais de 50% das vendas aconteceram através de sugestões boca a boca.

Fiéis ao mantra DNVB, os fundadores da Warby estavam focados de forma obstinada no serviço ao cliente. Fizeram o website muito intuitivo, antecipando e respondendo a quaisquer questões que o consumidor pudesse querer fazer aos vendedores nas lojas físicas. Por vezes, os clientes enviavam e-mails com perguntas e eram os próprios fundadores que respondiam. Toda a atenção aos pormenores compensou: o «net promoter score» (métrica de fidelização de clientes) da Warby ultrapassou os 85, foi mais alto do que o da Apple e da Amazon.

Para além das poderosas referências de boca a boca, a Warby tinha uma boa história para contar, e a comunicação social de Nova Iorque mostrou interesse. Uma das primeiras publicações que escreveu sobre a Warby foi a *GQ*, que lhe chamou «a Netflix da ótica». A resposta do público foi tão grande, depois desta exposição, que a Warby atingiu a meta de venda do primeiro ano em três semanas e gerou uma lista de espera de 20 mil pessoas. Rapidamente, outras revistas de moda e principais meios de comunicação também estavam a contar a história.

A Warby continuou a inovar com um marketing inteligente e estratégias de retalho. Por exemplo, durante a Semana da Moda de Nova Iorque, pediu a amigos e a alguns modelos profissionais que fossem à Biblioteca Pública de Nova Iorque na véspera de os eventos da Semana da Moda começarem formalmente. Depois, convidou jornalistas a irem à biblioteca, e como era um dia sem grande movimento, muitos dos jornalistas estavam disponíveis.

A uma hora combinada, cada um dos representantes da Warby, espalhados pela biblioteca, sentados em mesas diferentes, pegou num livro tapado com a cor azul-clara da marca Warby. Cada livro tinha o nome de um dos estilos de óculos como se fosse o título do livro (os nomes dos estilos de óculos da Warby são todos referências literárias famosas). Ter toda a gente a levantar estes livros azuis-claros ao mesmo tempo resultou numa imagem visual muito chamativa.

A ação coordenada gerou ótimas fotos e o evento teve uma cobertura alargada. Ao longo do tempo, a Warby organizou outros eventos provocadores e montou lojas *pop-up* com temas interessantes. Também remodelou um autocarro escolar como loja de óculos e andou pelo país nesta «loja-autocarro» a visitar zonas universitárias. Toda esta atividade gerou cobertura generalizada da imprensa do *New York Times, Vogue, Esquire, WWD, Forbes, People, Wall Street Journal* e *Glamour.*

Somando a esta narrativa da marca muito atrativa, havia o serviço ao cliente excecional alimentado por empregados dedicados. Os funcionários da Warby eram também adeptos fervorosos da marca — sobretudo porque a Warby prometeu doar um par de óculos a alguém que necessitasse por cada par que se vendesse. Os empregados tornaram-se embaixadores leais da marca.

A Warby personifica tudo o que uma DNVB de sucesso deve ser: um canal de distribuição eficiente que oferece um produto de alta qualidade a um preço razoável, diretamente ao consumidor. Tem uma narrativa de marca valiosa e uma comunidade de clientes forte que gera imensa publicidade nas redes sociais e boca a boca para promover a marca.

A Warby foi também uma das primeiras DNVB a considerar a abertura de lojas. De acordo com a informação apreendida nas lojas *pop-up* e nas viagens do autocarro, abriu o primeiro *showroom* físico na cidade de Nova Iorque. Ao analisar os dados cuidadosamente, depois dessa inauguração, constatou que as lojas físicas não canibalizavam as vendas online, mas, pelo contrário, aumentavam as vendas no geral. Abrir lojas físicas nos locais certos, com um olho para a excentricidade, design e atenção à área local, tornou-se a prioridade. Atualmente tem mais de 60 lojas nos Estados Unidos e continua a expandir-se.

A Warby é, de facto, uma história de sucesso. Arrecadou 215 milhões de dólares e foi avaliada em 1,2 mil milhões. A sua última iniciativa foi financiar com 15 milhões de dólares um laboratório ótico no Norte do Estado de Nova Iorque, que irá ajudar a melhorar o controlo de qualidade e a rapidez das entregas. Está também a explorar formas de aceder a receitas óticas através de aplicações digitais num dispositivo pessoal.

Bonobos

A Bonobos foi lançada em 2007 por Andy Dunn e Brian Spaly enquanto retalhista exclusivamente online, com o objetivo de vender calças de homem que prometiam assentar de forma impecável e ter estilo, enquanto reduziam o tempo de entrega e o incómodo da compra. O produto — com uma cintura curva, de altura média e um corte estreito, à medida, concebido para eliminar o «rabo de fralda» — era muito melhor do que as alternativas e rapidamente inspirou grande passa a palavra. A marca cresceu.

A Bonobos expandiu-se e passou a incluir camisas de homem, camisolas e casacos. Em 2012, Andy (Brian saiu em 2009 para gerir a Trunk Club), reconhecendo a necessidade de os clientes «tocarem e sentirem» que existe na categoria do vestuário (sobretudo em roupa marcadamente à medida), estabeleceu uma parceria exclusiva com a Nordstrom para vender o produto da Bonobos nas 100 lojas da Nordstrom. Tratou-se de um acordo benéfico para ambas as partes. Para a Bonobos, foi útil para se expandir. Para a Nordstrom, a DNVB trouxe um segmento de clientes mais novos para a loja. A Nordstrom também viu uma oportunidade para melhorar as suas práticas digitais.

A Bonobos acabou por abrir as suas próprias lojas físicas, a que chamou «guideshops», lojas de referência. Estas lojas não eram como as lojas de vestuário de homem normais, pois eram apenas *showrooms* — não tinham inventário. Como não tinha de armazenar o inventário completo, o *showroom* podia ter itens de cada número e estilo para o cliente experimentar tudo o que quisesse na loja e nunca teria de passar pela experiência de ter peças esgotadas. Depois de experimentar, podia encomendar online e pedir que o produto fosse entregue em casa. As lojas acabaram por revelar-se o melhor canal de aquisição de clientes que a Bonobos teve.

Em junho de 2017, como já foi referido, a Walmart adquiriu a Bonobos por 310 milhões de dólares. A marca não é vendida nas lojas Walmart, mas vai ser vendida na Jet.com.

Casper

A Casper foi fundada em 2013 e lançada em 2014. Similarmente à Warby, os criadores da Casper reconheceram que a indústria de colchões era um mercado grande (um negócio de mais de 14 mil milhões de dólares) dominado por duas empresas principais: a Tempur Sealy e a Serta Simmons que, em conjunto, controlavam mais de 70% dos carregamentos de colchões por atacado. A indústria estava a crescer, sobretudo devido ao aumento de preços.

A *Consumer Reports* informou que os colchões eram caros porque as margens na categoria eram mais altas do que em qualquer outro produto numa loja de mobiliário. Era frequente as margens de lucro bruto serem 30% a 40% para cada um, os grossistas e os retalhistas. Modelos de luxo requintados podiam gerar margens ainda maiores.

Mais, o processo de vendas era tão desagradável que as pessoas mal podiam esperar para sair da loja. A maioria dos clientes nada sabia sobre colchões e tinha vergonha de deitar-se num e imaginar que dormia para testá-lo (sobretudo com pessoas a ver). A entrega também era muito lenta.

À semelhança do programa «Home Try-On» da Warby, a Casper inventou uma inovação inteligente que tornou o processo mais fácil e gerou ótima publicidade viral nas redes sociais e boca a boca. Descobriu maneira de entregar os colchões numa caixa (do tamanho de um frigorífico mini) numa bicicleta. Os clientes filmavam-se a abrir as caixas e publicavam os vídeos no Instagram. A Casper também prometia uma experiência sem riscos: as pessoas podiam experimentar o produto durante 100 noites e, se não gostassem, a Casper ia recolher o colchão.

A Casper também retirou a dificuldade do processo de tomada de decisão, limitando as escolhas a serem feitas. Só havia um tipo de colchão, desenhado numa combinação de viscoelástico e espuma de látex. Mais, taxou os colchões muito abaixo dos preços dos outros colchões no mercado.

Embora existam outras *start-ups* de colchões centradas no negócio online, incluindo a Leesa, a Yogabed e a Tuft & Needle, a Casper é talvez a mais famosa. O modelo da Casper teve tanto sucesso que gerou receitas de mais de 100 milhões em menos de dois anos. A promessa da marca? Oferecer os melhores colchões a um preço acessível, vender um modelo único, entregá-lo rapidamente e grátis — com um período de experimentação de 100 dias.

Como outras DNVB, a Casper começou recentemente a pensar em abrir lojas físicas. No final de 2017, anunciou a abertura de 15 lojas *pop-up* pelo país inteiro, incluindo nos mercados de Atlanta, Nova Jérsia e Nova Iorque.

Outros retalhistas que aprenderam com a cartilha das DNVB

As DNVB inspiraram outros retalhistas a experimentarem *showrooms* que não armazenam inventário, mas que oferecem aos retalhistas uma forma de interagir com os clientes, construir relações e recolher dados úteis para atividade proativa e recomendações futuras. Por exemplo, a Samsung abriu uma loja em Nova Iorque em que os clientes podem jogar com os dispositivos e engenhocas mais recentes da empresa, aprender a usar aparelhos inteligentes e experimentar realidade virtual.

Não há pressão para comprar — na verdade, as únicas coisas que podem ser compradas na loja são café e *bagels*. A ideia é dar a conhecer a marca aos clientes e criar lealdade para com a marca. A loja também oferece eventos que chamam os clientes — no primeiro ano, Gwen Stefani atuou, houve provas culinárias e várias instalações interativas. A empresa calculou que nos primeiros 10 meses em que a loja esteve aberta, mais de meio milhão de pessoas visitou o local.

A Nordstrom também expressou interesse em experimentar a ideia do *showroom*. O primeiro protótipo «Nordstrom Local» foi lançado em West Hollywood em 2017. A loja oferece serviços de tratamento de unhas, costura e conselhos de estilo. É da mesma linha que as *guideshops* da Bonobos, na medida em que não tem inventário, mas permite aos clientes verem e experimentarem as peças de vestuário e depois encomendarem online. A nova loja tem provadores e um bar com bebidas alcoólicas e sem álcool. A «Nordstrom Style Boards» faculta recomendações personalizadas de moda que podem ser vistas através de um telemóvel, e os itens podem depois ser comprados diretamente em Nordstrom.com. Embora não haja inventário disponível para comprar, há estilistas pessoais disponíveis para encomendar itens que podem ser levantados no mesmo dia na loja, se a encomenda for feita antes das 14h.

Conclusão

Muitos retalhistas que estão a aguentar-se com sucesso neste contexto agitado do retalho estão a dedicar-se a estratégias de marcas verticalmente integradas (marcas V). Estes retalhistas vendem os seus produtos de marca diretamente ao consumidor final. Os bem-sucedidos têm uma proposta da marca atrativa e potenciaram vantagens de custos significativas através da eliminação de etapas, tanto na cadeia de distribuição como de fornecimento. Transmitiram essas vantagens de custos aos consumidores e conseguem vender produtos de grande qualidade de marcas de topo a preços baixos.

Há duas classes de marcas V. As primeiras são as marcas antigas que constroem estas estratégia através das lojas físicas. De acordo com um estudo da *Interbrand*, de 2017, algumas das marcas mais valiosas do mundo enquadram-se neste modelo: H&M, Zara e Ikea, todas classificadas no top 25, a nível global. Estas marcas têm bons resultados, mesmo com a ameaça da entrada da Amazon no setor. Têm marcas próprias que não podem ser compradas em mais lado nenhum e têm clientes muito fiéis. À medida que a experiência das compras muda mais para online, o desafio para estas marcas é manter o domínio no novo canal e garantir que oferecem uma experiência que integra as duas vertentes, a online e a offline.

As outras marcas V, cunhadas marcas verticais digitalmente nativas, começaram primeiro online e, desde aí, têm passado para as lojas físicas. Estas marcas têm comunidades apaixonadas, leais, que ajudam a promover as marcas através de um empenho ativo nas redes sociais. Como começaram no mundo digital, aglomeraram um enorme volume de dados sobre os clientes e podem oferecer produtos de alta qualidade a preços baixos e facultar experiências de consumo excecionais online e offline. O desafio agora é a expansão. As mais bem-sucedidas destas novas marcas — a Warby Parker, a Casper e a Bonobos — passaram a marca dos 100 milhões em receita, mas continuam muito mais pequenas do que os retalhistas tradicionais. Muitas também dependem de financiamento externo e não de fluxo monetário e rentabilidade para financiarem os seus negócios.

CAPÍTULO 5

O paradoxo do luxo: quando os preços baixos e a acessibilidade são indesejados

Neste capítulo:

- Competência de liderança principal: superioridade sem paralelo de marca de produto de luxo
- Competência de liderança secundária: uma experiência de consumidor de luxo
- Valor justo na fluidez quando apropriado
- As marcas de luxo controlam a acessibilidade para se afastarem das estratégias de preço mais baixo

Apesar do contínuo destaque dado à transparência nos preços, a atração pelas compras de luxo perdura. O mercado do retalho de luxo está a crescer mais depressa do que qualquer outra categoria, segundo a Edited, uma empresa tecnológica de análise do retalho. Similarmente, a Bain & Co. relatou que o mercado de luxo irá atingir um novo normal de crescimento anual de 4% a 5%, durante 2020. As indicações são que os consumidores da classe média chinesa irão novamente comprar produtos de luxo. E os *millennials* e a Geração Z (Gen Z) começam a ligar-se às marcas de luxo, como os pais da geração *baby boomer* e Geração X fizeram.

Com percalços ocasionais resultantes do retrocesso da economia (a Grande Recessão), a dinâmica política (as campanhas anticorrupção do governo chinês que reprimiu presentes e festas extravagantes) ou os ataques terroristas que ameaçaram o turismo europeu, as vendas de luxo têm-se apresentado extraordinariamente robustas ao longo das décadas passadas. Embora seja muitas vezes difícil de prever qual será a marca de luxo na berra em cada estação, as marcas de luxo de topo dos anos 50 (por exemplo, Gucci, Dior, Chanel, Louis Vuitton, Cartier) continuam a ser as marcas de luxo de topo dos dias de hoje.

O que é o luxo? E como difere dos preços de topo?

Sim, marcas de luxo são mais caras do que marcas de «preço de topo», mas também há outras diferenças importantes entre elas. As marcas de preço de topo definem-se pelo *ratio* de valor qualidade/preço, em que qualidade mais alta vai exigir um preço mais alto. Já para o luxo, qualidade mais alta é necessária, mas não é suficiente. Adam Smith definiu marcas de luxo não só como muito caras, mas também como sendo de oferta limitada e difíceis de obter.

Produtos e experiências de luxo definem-se pelas características únicas que não podem ser copiadas, como herança, legado, tradição, sangue (família), celebridade, e, mais recentemente, estilistas. As verdadeiras marcas de luxo são ícones intemporais, mágicas, e assemelham-se mais a uma religião e a uma arte do que ao comércio. Da mesma forma que é difícil colocar um valor qualidade/preço a um quadro de Monet, as marcas de luxo também têm uma herança irreproduzível. «As marcas de luxo são embaixadoras da cultura local e da *art de vivre* refinada», escreve Jean-Noël Kapferer, um perito europeu sobre o luxo. O valor do verdadeiro luxo ignora ideias centradas no cliente. As marcas de luxo e os designers são os juízes do gosto e do design, não são seguidores cegos dos desejos dos consumidores. O luxo é uma ambição; as pessoas desejam estar entre a realeza. O luxo não é para as massas, não é para as pessoas vulgares e não é democrático.

O luxo tem que ver com escassez. Só há uma Itália, por exemplo, e a marca de propaganda «Made in Italy», estabelecida em 1980, celebra esse facto. Uma lei italiana de 2009 estipulou que apenas produtos *totalmente* feitos em Itália (incluindo a planificação, fabrico e embalamento) podiam ser diferenciados pela marca prestigiante «Made in Italy». A Itália celebra a sua perícia de produção e herança promovendo as suas fábricas, como as fábricas de queijo Maserati ou Parmigiano Reggiano, como atrações turísticas — como teatro. Outras marcas europeias, como a Louis Vuitton, uma marca francesa, apoiam a habilidade italiana, publicitando que fabricam os seus sapatos em Itália.

Os clientes respondem a esta distinção. Um estudo da BCG perguntou aos inquiridos: «Qual país de manufatura considera o melhor em produtos de luxo?» A resposta «Itália» ficou em primeiro lugar para 29% dos inquiridos. A França ficou em segundo lugar, com 23%, e todos os outros países ficaram muito mais abaixo.

Outra «regra» do luxo é que os produtos não se podem comparar a mais nada. Por exemplo, o *champagne* ou vem do distrito francês Champagne ou não é *champagne*. Portanto, não podemos comparar preços de outros vinhos frisantes ao *champagne* francês; são fundamentalmente entidades diferentes. Da mesma maneira, o *cognac* define-se numa escala ambígua — não pela idade exata, um atributo ajustável, mas sim por XO («extra velho») ou VSOP («very old pale»). Não se trata de «posicionamento» de marketing tradicional, em que os produtos são comparados uns com os outros para estabelecer uma vantagem competitiva.

O controlo total do processo de fabrico e da cadeia de distribuição é também um requisito das marcas de luxo mais exclusivas. A Hermès, talvez a mais prestigiada, controla tudo sob o nome da marca e não emite licenças. Embora as marcas de luxo possam ser vendidas em retalhistas de luxo como a Saks, a Neiman Marcus, a Le Bon Marché, as Galerias Lafayette, o Harrods ou a Selfridges, muitas das marcas de luxo preferem uma ação direta para exercer maior controlo.

Tudo isto define o luxo, mas também define o «paradoxo do luxo», pois estes requisitos parecem estar no caminho da expansão. O mercado de luxo de alta qualidade é bastante reduzido, por definição. A única forma de crescer, então, é apelar a um mercado mais abrangente, emitindo licenças e expandindo os canais de distribuição. No entanto, se as marcas de luxo emitirem demasiadas licenças e se tornarem universais, perdem a chancela. Marcas como a Pierre Cardin, e até a Gucci e a Ralph Lauren, emitiram licenças em excesso, distribuíram em demasia e, por isso, tiveram de recuperar o controlo devido a uma grave diluição de marca.

Os preços também têm de ser controlados. Assim, marcas verdadeiramente de luxo nunca fazem saldos, mesmo que tenham inventário em excesso. Devido ao tempo curto de duração de marcas sazonais, nestas casas de luxo de topo os produtos sazonais são taxados 20 a 30 vezes preços mais altos do que os designs mais intemporais e só se produz um volume limitado. Se estes produtos sazonais não se venderem a tempo da próxima mudança de inventário, mais depressa são queimados do que vendidos com desconto.

O papel indicador social do luxo

Marcas de luxo são sinal de que quem as usa pertence à classe da elite e tem dinheiro para comprar esses designs exclusivos. Para a indicação ser eficaz, aqueles que não conseguem pagar o luxo têm de reconhecer a marca para apreciá-la. Mas se o luxo se torna demasiado familiar perde a chancela.

Usam-se muito logótipos para assinalar a marca, mas podem ser exagerados. Uma pesquisa interessante, levada a cabo por

Han, Nunes e Drèze, mostrou que o desejo dos logótipos pode ser descrito por uma matriz de 2 × 2. Um eixo é definido pela riqueza — a pessoa tem dinheiro para comprar luxo ou não tem. O outro eixo é definido pela necessidade social de exibir. Há pessoas que querem que as outras saibam que podem comprar produtos luxuosos, enquanto outras estão apenas interessadas em que certas elites saibam. Este enquadramento produz quatro categorias de consumidores de luxo.

Os «Patrícios» têm dinheiro e só se preocupam que a elite (não as massas) aprecie as suas compras. Preferem sinais discretos ou «griffes», identificadores especiais que só os conhecedores sabem reconhecer, como os quadrados da Burberry *no interior* de uma gabardina, ou a bracelete da Cartier que não pode ser retirada. Para estas pessoas, os logótipos são vulgares.

Os «Proletários» também não usam produtos com logótipos luxuosos, mas isto é porque ou não podem comprar ou não se preocupam em sinalizar o estatuto aos outros. Normalmente, não compram produtos luxuosos.

Os «Novos Ricos» têm dinheiro e querem que as pessoas saibam. Querem dissociar-se daqueles que não têm posses. Neste caso, os logótipos são importantes identificadores. Os Novo Ricos costumam rejeitar falsificações, valorizam a melhor qualidade e herança dos produtos de luxo genuínos.

Os «Fingidores» ainda não têm dinheiro, mas aspiram a tê-lo. Como não podem comprar as marcas de luxo de alta qualidade, é mais provável que comprem falsificações. Se comprarem luxo genuíno, só conseguem chegar à gama baixa de uma marca cara ou a uma marca secundária (Marc by Marc Jacobs ou AX by Armani) ou um produto de luxo básico como maquilhagem ou porta-chaves. Estes «Fingidores» podem trazer complicações para as marcas de luxo porque, ao deixarem-se levar por demasiados logótipos visíveis ou imitações de produtos, a exclusividade e o prestígio da verdadeira marca é ameaçada.

Como irá o luxo mudar no futuro?

Os peritos preveem que os *millennials* e a Gen Z irão ser responsáveis por 45% do mercado de luxo em 2025. Irá esta ideia de exclusividade e valores ambiciosos alterar os valores da geração mais nova que pretende valorizar a transparência e a autenticidade?

Alguns estudos revelaram que as gerações mais novas parecem valorizar mais experiência do que posses materiais, portanto, no mínimo, as marcas de luxo têm de oferecer não unicamente marcas de produto superior, mas também experiências exclusivas de luxo, no geral. As gerações mais novas, digitalmente nativas, valorizam conveniência e esperam ambientes permanentemente disponíveis. O mercado do luxo tem de pensar bem como tornar os seus produtos e experiências mais acessíveis, sem perder a exclusividade.

As primeiras indicações são que a Gen Z vai aderir ao luxo mais do que os *millennials* porque os *millennials* atingiram a maioridade na Grande Recessão, enquanto a Gen Z chegou em tempos económicos mais abundantes. A Gen Z, embora seja experiente em tecnologia móvel, não abandonou as lojas físicas. Alguns dos conceitos de retalho mais interessantes capitalizaram a propensão da Gen Z para as redes sociais e retalho físico, oferecendo circunstâncias em que nada é vendido, mas os clientes podem entrar num ambiente físico interativo bem concebido e tirar fotos deles próprios para serem publicadas no Instagram ou Facebook.

Por exemplo, o Museu do Gelado em Miami Beach (também localizado noutras cidades de topo dos EUA, como Nova Iorque e

São Francisco) cobra 38 dólares de entrada por pessoa para uma série de salas pintadas de cor-de-rosa, tangencialmente relacionadas com a história do gelado; cada uma oferece momentos loucos para selfies (como saltar para uma piscina de *sprinkles* de plástico ou andar num baloiço em forma de banana).

Há outro tipo de luxo urbano que apela aos «hypebeasts» (loucos por tendências) da geração *millennial* ou Gen Z. Para este consumidor, o *hype* é a atração. Neste contexto, o produto não importa, só o *hype* (a propaganda) — o logótipo em si mesmo é que tem valor.

Traçar esta estratégia para as marcas de luxo com base na matriz Kahn de sucesso no retalho

Historicamente, os retalhistas de luxo competem facultando produtos de marca de alta qualidade sem igual. Mas, como tenho vindo a argumentar neste livro, a liderança num quadrante não é suficiente no mundo do retalho altamente competitivo dos dias de hoje. A maior parte dos retalhistas de luxo pretendem alavancar a chancela da marca oferecendo também experiências superiores de luxo ao consumidor.

Os retalhistas de luxo têm de ter em conta as expectativas cada vez mais exigentes do cliente nos quadrantes do Preço baixo e da Fluidez. Estes dois valores são complicados porque aqui a execução eficaz funciona da forma oposta aos princípios do luxo. Como já mencionei, as marcas de luxo de topo fazem questão de taxar os produtos exorbitantemente altos, dificultando que a maioria das pessoas os possa comprar. Uma edição especial da mala *Birkin*, da Hermès, pode começar nos 10 mil dólares e atingir os 150 mil dólares — e só está disponível para um pequeno grupo de pessoas com os conhecimentos certos. Este é, mais uma vez, o paradoxo do luxo: os princípios do crescimento empresarial colidem com os princípios de exclusividade. Estas ideias são traçadas na Figura 5.1.

As marcas de luxo acessível — tradicionalmente as marcas americanas (por exemplo, Michael Kors e Coach) — seguiram a estratégia de luxo com produtos de marca, mas prestam mais atenção a objetivos de expansão e pretendem o valor justo nos quadrantes de Baixo preço e Fluidez. Estes retalhistas de luxo fazem frequentemente descontos nos seus produtos e vendem em *outlets*. Estas estratégias aumentam as vendas de linhas de topo, mas correm o risco de diluir o valor da marca. A estratégia destes retalhistas de luxo acessível é traçada na Figura 5.2.

Figura 5.1. Traçar o luxo com base na matriz Kahn de sucesso no retalho

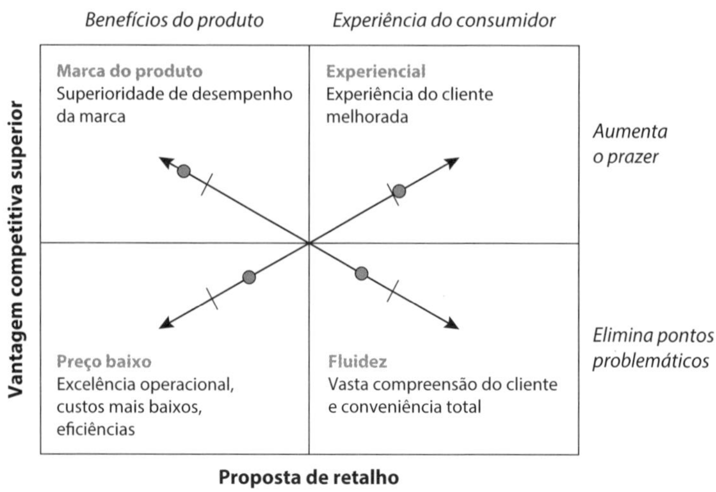

Muitos destes retalhistas de luxo acessível começaram a repensar esta estratégia devido à deterioração do valor da marca no longo prazo.

Nas próximas secções vou delinear as estratégias que os retalhistas de luxo de herança, que os retalhistas de luxo acessível e que os novos competidores de e-commerce estão a desenvolver para competir nos quatro quadrantes da matriz Kahn de sucesso no retalho.

Valor primário: superioridade sem paralelo da marca de produto de luxo

Uma vez que a marca de luxo é exclusiva e cobra preços altos, a dimensão do mercado é, por conceção, muito pequena. Assim sendo, os retalhistas de luxo têm dois objetivos para a estratégia de promoção da marca: o primeiro, construir uma marca que promova valores de luxo; e o segundo, alavancar essa marca — sem que se dilua — para expandir o mercado. Há duas formas básicas para os retalhistas de luxo atingirem esses objetivos: a estratégia «casa de marca» e a estratégia «casa de várias marcas».

Figura 5.2. Traçar o luxo acessível com base na matriz Kahn de sucesso no retalho

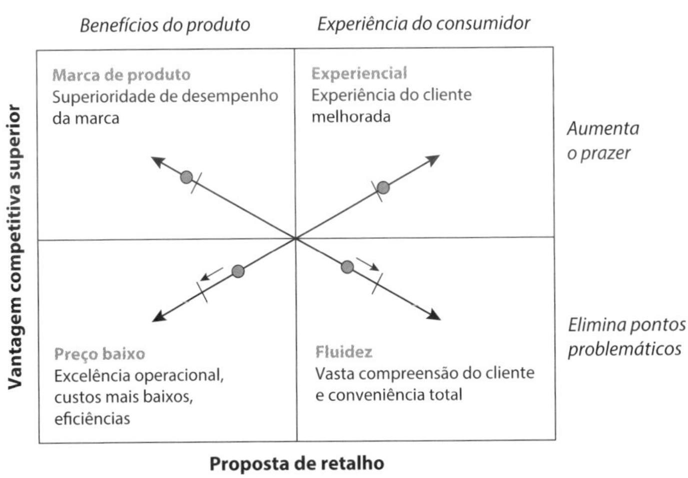

Estratégia casa de marca

Na estratégia casa de marca (branded house/a empresa é a marca) todos os itens na linha de produto têm um único nome de marca. Neste caso, a oportunidade de crescimento surge pelo facto de se terem produtos de marca de luxo em categorias de preços mais baixos, assim como nas categorias normais de preços mais altos. Por exemplo, a Chanel vende vestidos de alta-costura por dezenas de milhares de dólares, mas também tem produtos de beleza e perfumes que podem ser comprados abaixo dos 100 dólares. Embora a maquilhagem da Chanel seja mais cara do que marcas de supermercado, claramente não é tão cara como o vestuário, sapatos ou carteiras Chanel.

Outro método da estratégia casa de marca é ter submarcas ou marcas patrocinadas que são diferenciadas da marca de alta costura, mas que, mesmo assim, beneficiam da chancela da marca. Por exemplo, a Ralph Lauren tem a Purple Label, que é mais cara que a Black Label, que por sua vez é mais cara do que a Polo. Na Armani, há a mais cara Giorgio Armani e a menos cara Emporio Armani. Há também linhas secundárias de produtos a preços mais baixos, que em suma são promovidos com nomes de marcas diferentes, mas são patrocinados pela casa de luxo, como a AX da Armani.

Estratégia casa de várias marcas

A outra abordagem é ter uma casa de várias marcas, que é um portefólio de marcas autónomas, dirigidas a diferentes segmentos e com preços diferentes. Desta forma, um nome de marca não contamina nem dilui o outro porque todos são separados.

Conglomerados multinacionais de bens de luxo europeus como a LVMH, a Richemont e a Kering seguem esta estratégia. Por exemplo, a LVMH detém a Louis Vuitton, a Céline, a Dior, a Fendi, a Givenchy, a Loro Piana, a Marc Jacobs e muitas mais. A Kering detém a Gucci, a Bottega Veneta, a Yves Saint Laurent, a Alexander McQueen e muitas mais. Manter e construir marcas múltiplas é mais dispendioso do que investir apenas numa marca, mas há uma mitigação de risco. Também, com esta estratégia de casa de várias marcas, o crescimento vem frequentemente através da aquisição, assim como a nível orgânico.

Decisões de linhas de produto

Normalmente, ao seguir-se a estratégia casa de marca, as marcas de alta-costura mesmo de topo não ganham dinheiro; em vez disso, existem para estabelecer a credibilidade do nome da marca de luxo. A rentabilidade vem dos produtos de marca de preços mais baixos que podem ser vendidos em maior volume. Os *outlets*, que vendem itens fora de época, itens em que a oferta excedeu a procura ou produtos feitos para os *outlets* a preços inferiores, podem ser muito rentáveis devido aos grandes volumes vendidos.

O truque é potenciar o nome da marca. Por exemplo, os produtos *outlet* da Ralph Lauren são valiosos *porque* a Ralph Lauren aparece nas passadeiras vermelhas. Para fazerem isto bem, todas as marcas que pertencem à casa tem um estilo «Ralph», mas as diferenças nos níveis do produto têm de ser visíveis.

Quando a estratégia Ralph estava no auge, a marca foi bem-sucedida devido ao foco meticuloso na imagem de grande qualidade. As linhas de pior qualidade eram parecidas com os itens de luxo, mas toda a gente conseguia ver a diferença. Os estilos e os materiais eram diferentes; os produtos de pior qualidade beneficiavam do nome da marca, mas o nome da marca de luxo não era diluído. Este tipo de estratégia costuma resultar bem para as marcas que produzem sobretudo vestuário como a Armani, Hugo Boss e Ralph Lauren.

Manter uma linha completa de vestuário requer um grande número de itens (SKU) para acomodar diferentes tamanhos e preferências de estilo. Fazem-se descontos se os produtos não se venderem e tiverem de recorrer a novos produtos da estação. Isto significa que é muito importante para estas marcas de luxo prever a procura com a maior precisão possível para que não haja capacidade excedentária no final de cada estação.

Os retalhistas de luxo que seguem a estratégia da casa de marcas costumam ter uma maior percentagem de acessórios em oposição a vestuário. Uma vez que as marcas são separadas, não há necessidade de desenvolver a voz da marca nos diferentes pontos de preços. A previsão precisa dos níveis de inventário para os acessórios é também muito mais fácil do que para vestuário, porque há menos tamanhos e cores. Os acessórios são mais globais, menos suscetíveis à sazonalidade e ao clima e são fáceis de distribuir globalmente sem ajustes. A desvantagem aqui, claro, é a despesa inerente à manutenção de tantas marcas diferentes.

Luxo acessível

As marcas de luxo acessível com preços mais económicos podem ser muito lucrativas porque chegam a públicos mais vastos do que o verdadeiro luxo. Contudo, estes volumes acarretam o risco de diluição da marca no longo prazo. Recentemente, muitas das marcas de luxo acessível têm vindo a reexaminar as estratégias de marca.

Por exemplo, a Marc by Marc Jacobs foi uma marca de difusão lançada em 2001 que oferecia produtos com preços abaixo dos 500 dólares. Era rentável, mas tinha uma economia menos atrativa que outras marcas de luxo europeias capazes de impor preços mais altos e operar enquanto modelos de negócio verticais e, assim, consolidar mais amplamente as suas margens brutas. Em 2014, a LVMH anunciou a decisão de fundir a Marc e a marca principal, Marc Jacobs, numa única marca, com o objetivo de simplificar. Sob o nome desta marca oferecia produtos contemporâneos e superiores, exercitava um controlo mais apertado sobre a distribuição grossista e reduziu as vendas com preços especiais e promoções. Esta disciplina, enquanto protegia a marca, resultou numa perda de receita — quase 50% em três anos.

Infortúnios similares assolaram a Coach, cujas vendas caíram a pique em 2014, uma vez que os clientes perderam o interesse nas carteiras da marca devido à concentração excessiva nas vendas de *outlet* e descontos. Victor Luis assumiu o papel de CEO com uma estratégia arrojada para mudar a direção da empresa. Reduziu propositadamente o negócio e deu prioridade à qualidade em detrimento da quantidade e descontos do mercado de massas. Encerrou dezenas de lojas, acabou com descontos online e começou a retirar a marca dos armazéns de retalho. Esta estratégia prejudicou as vendas da linha de topo no curto prazo, mas o objetivo era a criação de rentabilidade e estabilidade no longo prazo.

Para além disso, Luis adotou o estilo de luxo europeu para fortalecer marcas através da estratégia casa de várias marcas e comprou a Kate Spade e a Stuart Weitzman. Também alterou o nome da empresa para Tapestry e a Coach tornou-se uma das divisões da Tapestry. Embora seja muito cedo para avaliar o sucesso desta estratégia, outras marcas que foram extrapoladas no passado, como a Gucci, beneficiaram deste tipo de distribuição, preços e design controlados com maior rigor.

Uma marca de luxo acessível que sempre teve descontos limitados e um controlo muito apertado da distribuição nos *outlets* desde o início foi a Tory Burch. Trata-se de uma marca de roupa desportiva americana, que a empresa descreve como clássica e, no entanto, moderna, que se distingue por uma estética global e eclética. A marca foi lançada em fevereiro de 2004 enquanto modelo completo omnicanal — tanto no retalho como no *e-commerce* —, o que na altura era invulgar. A promoção da marca foi sempre feita nas redes sociais; não levou a cabo campanhas publicitárias clássicas.

A estratégia digital da Burch incluía não só a descrições do produto, mas artigos, ideias e outras ilustrações que sustentavam a moda da marca. A história que se desenrolava nas redes sociais era pessoal. O website reflete a história pessoal dela, começando pela vivência quando cresceu com os pais, Buddy e Reva Robinson (o produto mais famoso, as sabrinas, têm o nome da mãe), até à vida atual de mãe trabalhadora.

Outro aspeto invulgar do negócio é a Fundação Tory Burch. Esta fundação apoia a autonomia económica de mulheres empreendedoras e das suas famílias. Tudo isto se conjuga numa marca autêntica, íntima, diferente de muitas outras neste espaço que, por isso, cria fidelização, não através de descontos de preço, mas de uma mensagem orgânica e com a qual as pessoas se identificam.

Estratégias de marca de «luxo» descontraído e urbano

Embora não sejam precisamente similares ao luxo da realeza europeia clássica, as marcas descontraídas e urbanas têm algumas das mesmas características. A Supreme, lançada em 1994, tornou-se a marca de eleição dos *skaters* e artistas rebeldes de Nova Iorque que não só eram clientes, mas também empregados. A marca trabalhou com estilistas, artistas, músicos e fotógrafos famosos e todos contribuíram para a sua identidade única. A primeira loja abriu em Nova Iorque, seguida de um número limitado de lojas por todo o mundo. Outros seguem este molde, incluindo a Hood by Air, a Stüssy, e a Raf Simons (a última é a marca homónima que foi lançada em 1995, antes de Raf Simons assumir o cargo de diretor criativo da Dior, em 2012).

Criar uma experiência de luxo para o consumidor

As tendências na moda e no luxo estão a mudar. Historicamente, o poder na linha de produto e decisões de design é controlado pelos grandes armazéns proeminentes de luxo como a Saks e a Neiman Marcus. Depois, as marcas de retalho de luxo exercitaram o poder que o nome da marca lhes conferiu, enquanto os grandes armazéns começaram a perder influência. Nesse processo, o poder na determinação das decisões de design passou para os diretores criativos e estilistas famosos de cada marca de luxo. Mas, cada vez mais, os consumidores estão a potenciar o poder que têm e a exigir que a moda seja *como gostam*.

À medida que o mundo do retalho se torna mais competitivo e os consumidores jovens são mais capacitados, os clientes querem mais do que apenas um produto forte de marca de luxo.

Estes retalhistas de luxo têm de oferecer mais e a maior parte está a investir em experiências de luxo para o cliente, que reforçam os seus legados. As lojas de luxo estão a tornar-se destinos em si mesmas. Já não se trata apenas de ir às compras; as lojas agora incluem opções de diversão e restauração.

Exclusividade

A escassez e a exclusividade continuam a ser importantes na conceção dessas experiências. Para garantir que isto ocorre, muitas das lojas de luxo, sobretudo as lojas de referência em zonas turísticas, controlam o número de pessoas permitidas dentro da loja a dada altura. Nas lojas de referência em Milão, Londres, Hong Kong ou Paris, não é invulgar ver as marcas de luxo em voga do momento (por vezes, é a Chanel, ou ultimamente a Gucci ou a Louis Vuitton) a levarem a cabo um controlo rígido das multidões.

Esta estratégia tem várias vantagens. A primeira, permite aos vendedores devotarem atenção exclusiva aos clientes que lá estão, garantindo que têm a experiência de «luxo» que exigem. Entretanto, todos os outros têm de esperar na fila à porta da loja — e essas filas só fazem com que a loja pareça mais desejável e também exclusiva.

O lugar certo

Embora não seja tecnicamente uma marca de luxo, a Apple nas suas lojas sempre revelou compreender o valor das experiências de retalho extraordinárias. Mas, notavelmente, criou o valor experiencial de uma forma completamente oposta à abordagem da admissão controlada. De facto, as lojas Apple costumam ser as mais movimentadas do centro comercial.

Ron Johnson, que abriu a primeira loja de retalho Apple em 2001, criou os Genius Bars e ambientes acolhedores de boas-vindas para que os clientes pudessem testar todos os produtos Apple. As lojas tiveram sucesso imediato e fizeram mais dinheiro por metro quadrado do que a Tiffany & Co.

Mais recentemente, Angela Ahrendts, antiga CEO da Burberry e agora chefe de retalho na Apple, anunciou que a nova estratégia de retalho da Apple era tornar as lojas mais parecidas com praças de cidades ou centros comunitários. A ideia é criar «locais de reunião» em que os clientes possam conviver e talvez ter aulas de codificação, música e fotografia. Lá, os produtos são caros, rotulados com a marca «luxuosa» Apple, e a experiência do cliente não depende da atenção exclusiva, mas da sensação de pertença a uma comunidade "badalada"».

Experiência do consumidor enquanto galeria ou museu

A Gucci está a tentar outra abordagem. Anunciou recentemente o novo Gucci Garden, localizado num palácio do século XIV de Florença. A entrada custa 8 euros, metade do valor de venda dos bilhetes é doado para apoiar projetos de restauro em Florença (onde a marca foi fundada).

O primeiro andar é grátis e vende produtos Gucci exclusivos ao local. Também há um restaurante. O segundo e terceiro andares servem de museu da marca e são os que requerem a compra de bilhete. Há produtos que exibem versões *vintage* e contemporâneas do logótipo e exposições que expõem temas recorrentes da história da marca. A ideia é imergir o cliente em tudo o que é Gucci, permitindo-lhe explorar a narrativa e legado da marca.

A Louis Vuitton está a experimentar um conceito idêntico. Remodelou completamente a loja de referência de Chicago, na Avenida Michigan, para criar um cenário de galeria. As fachadas exteriores incluem camadas de metal e trama de madeira e apresentam um padrão intricado de bronze, baseado numa abstração do padrão Damier visto em muitos produtos Vuitton. O interior tem peças de design e uma seleção de mobiliário Peter Marino.

A experiência da cultura drop[1]

Uma forma de a Supreme assegurar a base de fidelização foi capitalizando o princípio de escassez e exclusividade com uma abordagem diferente. Esta marca foi a originadora da «cultura *drop*/conta-gotas»: ao contrário de outras marcas que apresentam novos produtos a cada estação, a Supreme lança 5 a 15 numa base semanal.

Todas as semanas há um lançamento, os clientes da Supreme têm de estar nas lojas às terças-feiras, exatamente às 11h — e, mesmo que estejam, podem não conseguir comprar o produto. A marca lança um determinado número de itens, deliberadamente limitado, para que nem todos consigam comprar. Isto resulta em longas filas de clientes à porta da loja, durante horas, antes do tempo marcado para o lançamento.

[1] Cultura Drop: estratégia de marketing da indústria da moda que se centra no lançamento de produtos exclusivos, em número limitado, e que não vão ser repostos, sem aviso prévio em locais escolhidos a dedo. *(N. da T.)*

Os produtos oferecidos nas edições limitadas vendem-se em minutos. É costume os clientes fiéis que tiveram a sorte de conseguir uma peça partilharem o feito nas redes sociais. Até esperar na fila confere valor à marca; a fila, de certa forma, tornou-se a comunidade da marca, a experiência da marca. O *New York Times* chamou-lhe «a fila de culto». Estes lançamentos limitados foram muito bem-sucedidos e as marcas de luxo tradicionais repararam, o que resultou numa colaboração entre a Supreme e a Louis Vuitton em 2017, beneficiando ambas as marcas.

Pop-ups de luxo

Os retalhistas de luxo também estão a usar as *pop-ups* como oportunidades para criar experiências. É a versão delas dos lançamentos limitados, pois só existem por um determinado período. Em 2017, a Louis Vuitton abriu uma loja *pop-up* na Avenida Madison, em Nova Iorque, dedicada à colaboração entre Louis Vuitton e Jeff Koons. A loja *pop-up* ocupava 390 m^2 e honrava os trabalhos originais de Da Vinci, Van Gogh, Fragonard e Rubens, com gravuras aumentadas e descrições do trabalho em painéis *standup* inclinados. A *pop-up* oferecia produtos de couro e acessórios exclusivos que tinham resultado dessa colaboração.

A Tiffany & Co., a Louis Vuitton e a Chanel investiram todas em lojas *pop-up* para a temporada de férias de 2017. A Chanel abriu uma *pop-up* chamada Coco Club, apenas por um dia, dedicada ao relógio Boy-Friend. Além dos expositores com o produto, havia um estúdio de maquilhagem, um café, uma biblioteca e uma numerologista disponível para fazer leituras personalizadas aos visitantes.

A Barneys New York também está a acrescentar mais entretenimento e exclusividade ao seu retalho de luxo. Há pouco, organizou um evento de dois dias chamado «thedrop@barneys», onde 30 marcas apresentaram coleções cápsula ou produtos singulares e se juntaram presenças de estilistas, ativações, experiências únicas, comida e música.

Controlar a acessibilidade e a fixação de preços

O paradoxo no retalho de luxo é que, ao contrário da maioria das transações do retalho em que os preços baixos e a conveniência são atrativos, neste caso, tornar o produto de luxo demasiado fácil de adquirir compromete o valor da marca. Este dilema deu azo a que os retalhistas de luxo fossem muito mais lentos do que os outros a adotar as plataformas digitais.

Isto não impediu outro tipo de retalhistas de tentarem preencher essa lacuna. A Amazon, a Alibaba e a JD.com têm retalhistas intermediários que se reúnem nas suas plataformas dos mercados e que revendem bens de marca com enormes descontos ou, pior ainda, vendem produtos falsificados sem autorização. As marcas de luxo estão a tentar reprimir essa atividade penalizadora comprando inventário de volta a vendedores não autorizados e trabalhando com intervenientes com grande presença online, quando possível, para controlar a atividade.

A JD.com e a Alibaba começam a seduzir as marcas de luxo criando plataformas de luxo em que as marcas podem ter páginas personalizadas. A JD.com tem a Toplife, que é desenhada para facultar um serviço de entrega de luxo, qual porteiro de luva branca, feita no mesmo dia. A Alibaba estabeleceu a Luxury Pavilion que, mais uma vez, vai ajudar a controlar as transações de luxo.

Retalhistas de luxo tradicionais adotam o e-commerce *com relutância*

Ainda há poucos anos, a maioria dos retalhistas de luxo estava-se nas tintas para a importância do comércio online, mas atualmente muitos estão relutantemente a estudar estratégias para responder às evidentes exigências dos consumidores. As vendas de luxo online aumentaram 24% em 2017, e as estimativas são que as vendas online constituam até 25% do mercado de luxo até 2025.

A Prada, a Yves Saint Laurent e outras marcas declararam publicamente os seus objetivos de duplicar as vendas online nos próximos anos. A indústria dos relógios de luxo anunciou esforços de focalização nos jovens consumidores através de revendedores de *e-commerce*. Movendo-se mais lentamente, a equipa de liderança da Chanel anunciou que vai vender as suas fragrâncias, produtos de beleza e óculos online — mas o vestuário exclusivo e as carteiras não.

A LVMH lançou uma plataforma de *e-commerce* chamada 24 Sèvres (com o nome da rua de Paris onde fica o Le Bon Marché). O site irá apresentar mais de 150 marcas de vestuário de luxo de mulher, incluindo Louis Vuitton, Christian Dior, Chloé e Valentino. Irá ser a primeira vez que marcas importantes LVMH estarão disponíveis num retalhista web de multimarca.

O principal objetivo deste site será oferecer uma experiência que pareça dinâmica e exclusiva. Haverá assistentes de venda pessoais que farão vídeos para conversar com os clientes, e o site irá vender produtos de outras empresas de luxo, não apenas da LVMH. O site foi concebido para parecer diferente dos outros de *e-commerce*, com imagens arrojadas, bonitas, que simulam montras de lojas de luxo.

Novos retalhistas de luxo no e-commerce *a preencher a lacuna digital*

Mesmo que os retalhistas de luxo tradicionais sejam lentos a vender os seus produtos online, outros retalhistas de luxo estão a preencher essa lacuna. Atualmente, a líder no *e-commerce* de luxo global é o grupo Yoox Net-a-Porter, que surgiu em 2015 através da fusão da Yoox e da Net-a-Porter.

Esta fusão combinou dois e-tailers complementares. A Yoox começou por vender mercadoria de luxo com desconto, de fim de estação e era líder em operações de retaguarda de outros sites de *e-commerce* de outros retalhistas de luxo, como as marcas Kering, Armani e a Valentino. A Net-a-Porter começou com produtos a preços sem descontos e era conhecida pelo conteúdo editorial e experiência do consumidor. A Yoox era uma empresa de engenheiros; a Net-a-Porter uma empresa de comerciantes e *marketers*. Juntas operam um modelo grossista tradicional, que compra e vende mercadoria a clientes. Assumem o risco de inventário e requisitos de fluxo de caixa alto.

Atualmente, a Yoox Net-a-Porter tem concorrência feroz através da Matches Fashion (a cadeia local de boutiques londrinas que é uma força online) e a Farfetch, um mercado online para 500 boutiques de luxo independentes e 200 marcas, que também detém a loja física Browns, em Londres. A Farfetch, uma agregadora, não armazena inventário, mas trabalha com boutiques de moda individuais para vender aos clientes. A Farfetch oferece serviços às boutiques para ajudar a garantir a experiência de luxo, disponibilizando *personal shoppers* aos clientes que gastam mais. A vantagem de ser uma agregadora é que é mais fácil ser rentável, pois não há a responsabilidade do inventário. Por outro lado, é mais difícil garantir que os produtos estejam disponíveis e sejam entregues a tempo.

Estes retalhistas do *e-commerce* estão a criar novas formas de oferecer serviços de luxo online. Por exemplo, a Yoox Net-a-Porter introduziu o «You Try, We Wait» (Experimenta, Nós Esperamos), que é o serviço de entrega de excelência com prova no mesmo dia com consultores de compras. A Farfetch introduziu o «Store of the Future» (Loja do Futuro); trata-se de um conjunto de novas tecnologias desenhadas para ajudar as marcas e as boutiques a estreitar os mundos online e offline. Os peritos estão a prever que a realidade aumentada também será usada para ajudar a fundir os mundos digital e físico, criando uma espécie de «empatia digital».

Conclusão

O luxo continua a ser uma forma viável de concorrer neste mundo competitivo do retalho. Embora, historicamente, a maioria dos retalhistas de luxo de topo tenham confiado no poder dos nomes das marcas exclusivos e prestigiantes, isso já não é suficiente. Esses retalhistas têm de continuar a potenciar as suas forças, enquanto reconhecem as exigências variáveis dos consumidores.

A maioria dos retalhistas de luxo está a testar a oferta de experiências novas e atraentes aos clientes com diferentes tipos de vantagens de luxo. Embora as premissas centrais do luxo sejam escassez e exclusividade, as mudanças no comportamento do consumidor estão a obrigar os retalhistas de luxo a adotar a era digital e entrar no quadrante Fluidez. Novos retalhistas de luxo, como a Yoox Net-a-Porter e a Farfetch, estão a fazer grandes progressos e, relutantemente, alguns dos retalhistas tradicionais começam a desenvolver estratégias de *e-commerce* próprias.

A estratégia basilar em relação ao chamariz do baixo preço, porém, será resistir aos descontos e a descer os preços o máximo possível. O controlo atento das falsificações é também fundamental.

Se todos estes fatores forem bem geridos, a estratégia da marca e da experiência de luxo parece uma forma viável de competir contra o efeito Amazon — pelo menos no futuro próximo.

CAPÍTULO 6

Competir na experiência do cliente: o chamariz do envolvimento emocional e sensorial

Neste capítulo:

- Retalhistas cujo valor de liderança é oferecer experiências únicas aos clientes
- Retalhistas que oferecem ótimas experiências ao cliente como segundo quadrante de liderança

A maioria dos peritos do retalho acredita que, mesmo com o crescimento colossal das compras online, as lojas físicas de retalho não vão desaparecer. Até a Amazon está a calcular riscos e a abrir lojas físicas.

As lojas ainda servem o objetivo fundamental de permitir aos clientes tocarem e sentirem os produtos, experimentar as coisas e verem como lhes ficam na vida real. A interação social com vendedores experientes é igualmente valiosa. Finalmente, a possibilidade do sentimento de posse imediato dos itens adquiridos é também benéfica em algumas circunstâncias.

As lojas físicas, no entanto, vão alterar-se em resposta às mudanças no comportamento comercial. As experiências do cliente altamente atraentes nas lojas vão tornar-se mais importantes, pois os compradores necessitam de razões adicionais para visitar a loja. Os espaços comerciais físicos vão evoluir para incluírem outras experiências que complementam as compras. Também, a tecnologia nas lojas vai tornar-se cada vez melhor (e mais barata), e as lojas podem começar a recorrer ao uso criativo de realidade virtual, realidade aumentada e algoritmos de inteligência artificial em tempo real que permitem aos retalhistas responder ativamente às preferências e comportamentos passados dos clientes.

Os retalhistas que dão prioridade à experiência do cliente nas lojas físicas para criar vantagens estratégicas de diferenciação enquadram-se naturalmente em duas categorias.

A primeira, há os retalhistas que dão prioridade à liderança no quadrante Experiencial como a principal estratégia de diferenciação e depois exploram esta liderança para manter a excelência num segundo quadrante. Um exemplo aqui é a Eataly, cuja missão declarada é «criar um espaço para aprender sobre comida e, através da comida, aprender sobre a vida». Ao alargar esta experiência única, que inclui aulas de culinária, restaurantes e mercados de gastronomia *gourmet*, a Eataly atinge a liderança no quadrante de Marca de produto, através da oferta de gastronomia de especialidade de produtores regionais italianos que mais ninguém oferece.

Há outros que dão prioridade à experiência do cliente ao reconhecerem a natureza dinâmica das experiências, e assim a variedade ou sazonalidade das experiências tornam-se razões para visitar a loja. Um exemplo deste aspeto é a loja Story, que muda toda a sua gama aproximadamente a cada seis semanas. Outro exemplo: os retalhistas *pop-up* que oferecem lojas temporárias para suscitar interesse. Uma das criadoras desta ideia foi a Spirit Halloween.

A segunda categoria de retalhistas são os que constroem estratégias de liderança num quadrante diferente e depois exploram essas qualidades de liderança para oferecer experiências diferenciadoras ao cliente. Exemplos disso são retalhistas como a Costco, com o seu modelo de adesão ao clube, ou a T.J.Maxx, com a sua estratégia de descontos. Ambos se diferenciam pela estratégia de preço baixo, mas depois trazem os clientes às suas lojas pela diversão da experiência da caça ao tesouro — embora ambos definam a caça ao tesouro de forma diferente.

Outros retalhistas que se baseiam numa estratégia de liderança diferente mas que depois a potenciam para criar experiências de cliente inspiradoras incluem a Sephora, cujo programa de fidelização se diferencia no quadrante Fluidez, através dos esforços para recolher dados do cliente e usá-lo para proporcionar ao consumidor uma experiência inigualável na loja. Outra é a Rebecca Minkoff, que criou uma marca de produto de luxo acessível, mas que torna as experiências de loja diferentes, recorrendo a tecnologia de ponta.

Figura 6.1. Traçar experiências de cliente únicas com base na matriz Kahn de sucesso no retalho

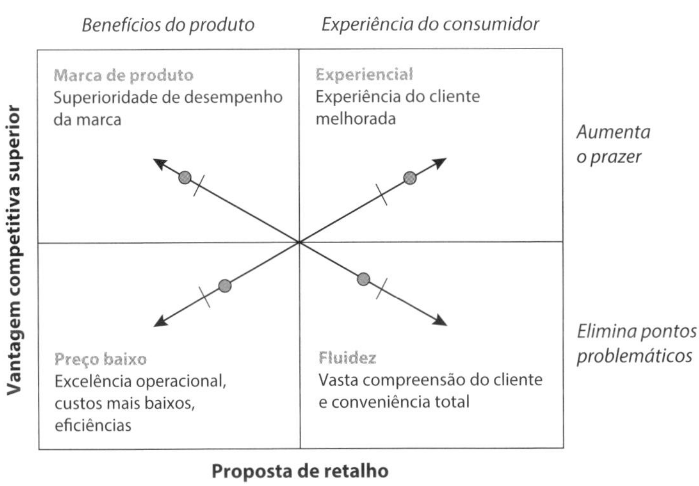

Retalhistas cujo valor de liderança é oferecer experiências únicas ao cliente

Parte da atração de experiências únicas é que são especiais e, portanto, nem sempre estão disponíveis. Consequentemente, como as estratégias de luxo, estes retalhistas experienciais muitas vezes não cumprem o valor justo no quadrante Fluidez nem no Preço baixo. Lideram, em primeiro lugar, no quadrante Experiencial e frequentemente segue-se o produto de marca diferenciado. Estas ideias estão traçadas na Figura 6.1.

Eataly

A Eataly é um império alimentar que dispõe de carnes frescas, queijo, marisco, uma padaria no local, vinhos, massa fresca, um bar de café expresso e produtos italianos de especialidade *gourmet*, assim como restaurantes de serviço completo e uma escola de culinária gerida por *chefs* famosos locais. Atualmente, há apenas cerca de três dúzias de lojas no mundo inteiro, embora o objetivo seja, um dia, ter uma loja em cada capital do mundo. A Eataly também tem presença online, mas claramente não é a prioridade: como ilustrado na Figura 6.1, a conveniência e acessibilidade não são os objetivos centrais.

Oscar Farinetti fundou a Eataly em Turim, Itália, em janeiro de 2007. Esteve envolvido no movimento *Slow Food* durante anos e estabeleceu relações com muitos produtores de alimentos de pequena escala e artesãos em Itália. Recorreu a essas relações para oferecer produtos de especialidade nos seus estabelecimentos que não se encontram em mais lado nenhum. Para além dos produtos importados de acordo com o movimento *Slow Food*, 90% dos produtos frescos dos estabelecimentos Eataly vêm de áreas locais. A ênfase em produtos locais e *chefs* famosos locais tornam cada Eataly única.

As diferentes componentes do espaço físico de retalho oferecem experiências de consumidor complementares na loja, mas também facultam sinergia ao retalhista. Se o produto fresco não se vender rapidamente pode ser usado nos restaurantes antes de se estragar. Ter uma escola de culinária nas instalações permite aos clientes aprenderem a apreciar a ótima qualidade dos pratos e bebidas que são oferecidos, o que deve aumentar a procura. Os restaurantes criam burburinho e fluxo, levando as pessoas aos produtos vendidos no mercado.

A loja Eataly tem um impacto grande; a mais recente, em Los Angeles, tem 6224 m^2. Assim, muitas vezes, as lojas em si são destinos. Decorrente a esta ideia, a Eataly lançou recentemente um parque temático enorme de culinária chamado Eataly World, em Bolonha, Itália. O parque gastronómico tem dezenas de restaurantes, vacas no local para fazer queijo, cães caçadores de trufas, *workshops* e atividades ligadas à culinária. A atração é concebida para turistas que viajam para experiências culinárias e querem algo mais do que alta gastronomia. Parte da atração do local é que oferece perceções, aprendizagens e amostras de todos os diferentes alimentos regionais da cultura italiana.

A Eataly está a tentar redefinir o retalho. Em vez de tentar maximizar as vendas por metro quadrado, que era a métrica histórica de sucesso, a Eataly está a definir-se em termos da experiência do consumidor. É mais como a Starbucks ou a Disneyland no que respeita a dar prioridade à experiência, em vez de ser uma mercearia que tenta ter lucro aumentando a frequência de venda de itens de margem baixa.

Embora a receita da Eataly esteja a aumentar — a empresa previu um aumento de vendas de 25% em 2017, em relação a 2016 —, os executivos deixaram de indicar se esperam obter lucros. No entanto, este modelo está a gerar outros; segundo uma estimativa, a cidade de Nova Iorque tem mais de 30 espaços de restauração em vários formatos. E estão a ser construídos muitos centros comerciais que incluem espaços de culinária *gourmet*.

Story

Outra inovadora que valoriza a experiência em detrimento das vendas é Rachel Shechtman, a CEO da loja conceptual de retalho de Nova Iorque parte loja, parte revista e parte galeria. Só tem uma loja, apenas com 185 m^2, mas tem sido alvo de muita atenção devido à abordagem pouco convencional ao retalho.

A cada quatro a seis semanas, a Story altera completamente a sua «*story*/história» ou «tema», o que significa que tudo na loja passa a ser diferente, incluindo toda a mercadoria e design. Shechtman vende patrocínios a empresas — normalmente marcas de nomes conhecidos como a NBC, Target, HP e Nickelodeon — que procuram formas alternativas de se ligarem aos clientes. Os patrocinadores trabalham com ela para lhes proporcionar um conceito para as instalações, assim como uma gama de produtos para venderem, que normalmente são fornecidos por pequenas empresas. A loja foi rentável desde o arranque.

A filosofia de Shechtman é que o futuro da experiência do consumidor no retalho tem de incluir a comunidade e o entretenimento, e o objetivo dela é oferecer experiências empolgantes. Por exemplo, para a instalação que fez na Jet.com, o tema «Fresh». Além da mercadoria vendida em redor do tema, a Jet.com patrocinou uma variedade de eventos desde conversas com um *chef* famoso, a aulas de culinária para crianças, a uma aula de «faça os seus *bitters*[2]». Cada um destes eventos juntou membros da comunidade; Shechtman conta que houve casais que se conheceram na Story e começaram a namorar.

---

[2] «Bitter» é uma bebida alcoólica com sabor de essências aromáticas, caracterizada por um sabor amargo ou agridoce. (*N. da T.*)

Como na Eataly, a métrica do sucesso neste caso não são as vendas por metro quadrado. No caso de Shechtman, cobra dinheiro de patrocínios pela criação de uma experiência para uma marca parceira, como num contrato de publicidade ou de comunicação social. Não se trata de vender coisas, mas sim experiências.

Lojas pop-up*: Spirit Halloween*

Outro conceito único é a loja *pop-up* e a Spirit Halloween foi uma das primeiras representantes deste conceito, em 1983. A Spirit opera apenas durante os dois meses antes do Halloween — mas esses dois meses são lucrativos, geram mais de 100 milhões de dólares em receita anual. É um modelo complicado porque todos os anos a loja tem de encontrar novos locais, afetar todo o pessoal necessário para esses locais e colocar a mercadoria no espaço. A Spirit abriu cerca de 1300 lojas temporárias nos Estados Unidos e no Canadá em 2017.

A ideia subjacente à *pop-up* é um espaço de retalho temporário que vende mercadoria de todo o tipo. Têm todas as formas e dimensões e costumam ficar localizadas em zonas muito movimentadas. Podem ficar abertas de um dia a três meses. Embora haja muitas razões para abrir uma *pop-up*, é comum vê-las durante as férias ou quando uma loja lança um produto novo. Oferecem singularidade e inovação.

As marcas de luxo testaram o benefício de abrir lojas *pop-up* para ajudar a recriar a mística da marca. Por exemplo, a Tiffany & Co. abriu uma loja *pop-up* em Los Angeles em janeiro de 2018, concebida para parecer uma versão superdimensionada da sua icónica caixa azul. Ficou aberta durante um mês.

Apenas nesse mês, janeiro de 2018, uma pesquisa no Google indicou que uma infinidade de outras lojas *pop-up* interessantes, que incluíram uma *pop-up* da Zara em Londres para promover a experiência de compras online; uma *pop-up* do Harry Potter em Causeway Bay, Hong Kong, para capitalizar a procura de mercadoria do Harry Potter; uma *pop-up* da Gatorade em Nova Iorque para tentar atrair de volta consumidores que trocaram para outras bebidas; e uma digressão de uma loja *pop-up* da Prada que começou em Macau e foi para outras cidades da China para tentar criar mais entusiasmo pela marca.

As *pop-ups* beneficiaram com o encerramento de muitas lojas físicas mais tradicionais. É muito mais fácil atualmente encontrar um lugar livre em bairros movimentados de dimensões ideais para diferentes utilizadores. É uma situação vantajosa também para os senhorios porque ganham renda de um espaço que, de outra forma, estaria vazio. E as *pop-ups* são normalmente criadas para serem divertidas, por isso, costumam trazer movimento para o bairro onde se instalam.

Retalhistas que oferecem ótimas experiências ao cliente como segundo quadrante de liderança

O segundo grupo de retalhistas que se diferencia na experiência ao consumidor fá-lo potenciando um valor de liderança primário diferente. Embora as estratégias sejam diferentes, a Costco e a T.J.Maxx (e outros retalhistas de desconto como a Ross Stores e a Burlington) são exemplos de sucesso neste caso. A vantagem diferencial é a liderança no quadrante do Preço baixo, mas casam essa estratégia com uma experiência de caça ao tesouro emocionante.

Parte intrínseca a esta estratégia, os retalhistas não atingem o valor justo no produto de marca, ou porque *não podem* publicitar as marcas que têm, devido a contratos com elas (retalhistas de descontos) ou porque devido ao design oferecem uma gama de produto limitada (Costco). É, ironicamente, esta limitação que explica o entusiasmo na caça ao tesouro. Mais, como os modelos dependem tanto da loja física, não deram prioridade ao quadrante Fluidez e estão a tentar acompanhar (Costco) ou a passá-la para segundo plano (descontos). Estas ideias são traçadas na matriz Kahn de sucesso no retalho na Figura 6.2.

Costco

O primeiro armazém Costco abriu em 1983 em Seattle enquanto clube de subscrição. A Costco usa o seu poder de compra para obter preços excelentes em itens e depois passa essa poupança de preço aos seus clientes. Além de terem de pagar uma anuidade para poderem comprar, os clientes fazem compras em armazéns em que os produtos estão expostos em paletes de carga, e têm de comprar em maiores quantidades do que nos supermercados normais. Em troca, têm garantidos os preços mais baixos do mercado. Este modelo é atrativo para pequenas empresas e também para consumidores individuais.

Um armazém típico da Costco tem capacidade para cerca de 4000 itens, enquanto um supermercado grande da Walmart pode ter 140 mil produtos. Em resultado, a Costco tem apenas um número limitado de marcas em qualquer categoria particular e não oferece variedade de números. A empresa tem uma gestão muito reduzida, com despesas gerais de cerca de 10%

de receita e margens de lucro de cerca de 2%. As taxas anuais dos sócios representam 80% da margem bruta e 70% do lucro operacional.

Figura 6.2. O modelo de caça ao tesouro na matriz Kahn de sucesso no retalho

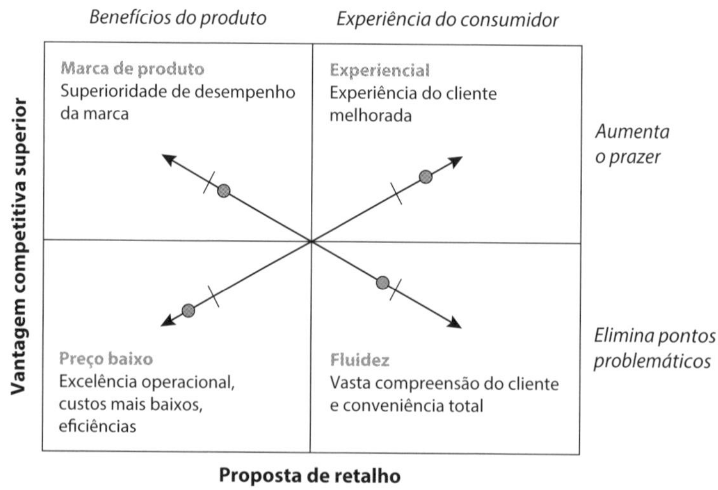

As forças de liderança da Costco: preço baixo e experiência do cliente

Acima de tudo, a Costco é vista como líder no preço baixo. Em 2017, uma comparação de preços feita pela JP Morgan em categorias de supermercado concluiu que os preços da Costco em base unitária eram 30% mais baixos do que a Walmart, 14% inferiores aos do ALDI e 58% mais baratos do que a Whole Foods, embora a Costco exija compras por grosso e os outros supermercados não.

A Costco potencia esta vantagem de baixo preço, oferecendo uma experiência única ao cliente, que resulta ainda em mais fidelização. Esta experiência de compras única ocorre porque os clientes nunca sabem bem quais os produtos em oferta a uma dada altura. Até um quinto do *stock* da Costco está disponível apenas por tempo limitado, e os itens podem ficar nas lojas apenas durante uma semana. Devido à incerteza nas opções de gama, a Costco treina os clientes a comprarem algo de que gostam *quando veem* — porque da próxima vez pode não estar disponível.

Para além da experiência da caça ao tesouro, as experiências de loja Costco são divertidas por causa das estações de prova que fazem com que a loja pareça uma festa. Os vendedores distribuem tabuleiros com amostras, fortalecendo o aspeto social da loja. As lojas também atraem clientes ao local porque os armazéns vendem gasolina muito barata.

Nenhuma destas experiências em loja física — caça ao tesouro, degustação de amostras ou encher o depósito do carro de gasolina — pode ser tida de forma adequada online, por isso, a Costco tem ficado historicamente para trás nesse campo.

A Costco pretende atingir o valor justo nos outros quadrantes: marca e online

No quadrante de Marca de Produto, mesmo que a Costco ofereça uma variedade limitada, é-lhe possível alcançar o valor justo por várias razões. A primeira, como referido, a variedade limitada traz entusiasmo na forma de caça ao tesouro. A segunda, num mundo de demasiadas escolhas, ter escolha limitada de bens de grande qualidade pode até ser benéfico; a Costco tem reputação de ter marcas de alta qualidade, por isso, a gama limitada é quase vista como uma variedade de curadoria, em que o cliente não pode enganar-se porque tudo é de grande qualidade. Finalmente, a imagem do produto da Costco é forte, devido à sua respeitada marca própria Kirkland Signature.

Desde 1995, a Costco usa os produtos Kirkland Signature para atrair compradores. A marca tem uma qualidade muito alta e um preço baixo. Cerca de 25% das vendas anuais são dos produtos Kirkland e a percentagem está a aumentar. Além disso, a Costco usa a possibilidade da introdução de um produto Kirkland como incentivo para garantir que as marcas nacionais estão a vender aos preços mais baixos.

Quando a Costco considera desenvolver novos produtos sob a égide da marca Kirkland, procura produtos no topo das vendas que acredita que podem ser vendidos pelo menos 20% mais baratos. Se a Costco decide desenvolver uma versão de marca própria, procura fazê-lo sem desgastar a qualidade, e tem cautela para produzir produtos ligeiramente diferentes das versões de marca.

A Costco joga de forma justa; antes de avançar com uma marca própria, dá a oportunidade ao fornecedor da marca de fazer também a versão Kirkland. Por exemplo, pediu à P&G (Pampers) e à Kimberly-Clark (Huggies) para fazer fraldas da marca Kirkland. A Kimberly-Clark concordou e agora as Huggies são a única versão de marca vendida nas prateleiras da Costco, para além da marca Kirkland.

No quadrante Fluidez, a Costco está, sem dúvida, a tentar acompanhar. Embora tenha uma base de adesão muito forte e rígida, tem dois constrangimentos que sugerem a sua vulnerabilidade neste quadrante. O primeiro, um estudo de 2017, levado a cabo pela Morgan Stanley, estimou que quase metade dos clientes da Costco são também membros do Amazon Prime.

O segundo, a Costco tem sido muito lenta a responder à ameaça do *e-commerce*. Recentemente, isto mudou, na medida em que o supermercado Costco estabeleceu uma parceria com a Instacart e passou a oferecer um número limitado de itens «compre online e recolha na loja». A Costco também lançou a CostcoGrocery, um serviço que oferece entrega em dois dias de produtos embalados que se encomendem através do website.

Estas inovações aumentaram as vendas do *e-commerce* em 43,5% no primeiro trimestre de 2017. Mesmo com estes aumentos nas vendas do *e-commerce*, as receitas correspondentes ainda são uma parte muito pequena nas vendas globais, e a Costco continua a usufruir do sucesso por ser um local divertido e interessante para comprar nos armazéns físicos.

Como vai a Costco sair-se no futuro contra a Amazon?

No final de 2017, os números de vendas da Costco eram bons, mesmo com a ameaça da Amazon no setor dos supermercados. Durante o período crítico da Ação de Graças do ano passado, as vendas da Costco aumentaram 13,2% em relação ao ano anterior, mesmo comparando com o rápido crescimento da Amazon. As vendas nas mesmas lojas subiram 10,8%, no geral, durante o mês de novembro, o crescimento da Costco foi notável em muitas categorias, incluindo eletrodomésticos, mesas, computadores, carros, pneus, material desportivo, vendas de escritório, joias, vestuário e artigos domésticos. Os analistas estão a sugerir que a Costco pode estar isolada da Amazon com o seu modelo único, referem que o fluxo de loja é forte e as taxas de renovação de anuidades estão a 90%.

No entanto, uma grande questão é se os *millennials* e a Gen Z, digitalmente nativos, irão interessar-se tanto pelas vantagens da loja física que a Costco oferece como os pais se interessaram. No geral, o cliente nuclear do clube é mais velho, tem família e vive numa casa. Há algumas indicações de que os clientes mais novos não se interessam tanto pelas lojas Costco devido à reação a uma concorrente online, a Boxed, que começou em 2013.

A missão da Boxed é entregar bens em grandes volumes a compradores que não vivem perto de um clube grossista e não têm carro para se deslocarem a um. Mas o site também atraiu outros compradores — aqueles que não queriam ir até ao clube pessoalmente comprar produtos básicos, mesmo que os clubes estejam acessíveis. A Costco informa que a idade média dos seus clientes está a baixar e que está a tentar ativamente atrair *millennials*. Esta questão permanece em aberto.

T.J.Maxx, Burlington e Ross Stores

A T.J.Maxx, a Burlington e a Ross Stores são todas lojas identificadas como «lojas de descontos» e todas seguem um modelo similar. Compram produtos por atacado a preços muito bons e depois passam os preços baixos para os consumidores. São lojas de «preços baixos todos os dias» e não fazem descontos. Fazem lucros com o volume; vendem muitos produtos e vendem-nos depressa.

Estes retalhistas compram dois tipos de produtos para as suas lojas: *(1)* produtos verdadeiramente de liquidação (isto é, produtos de marca que foram criados para vender a preço total noutras lojas, mas que por algum motivo não se venderam); e *(2)* produtos que são fabricados especificamente para o canal de liquidação, concebidos para serem vendidos a preços de desconto.

O primeiro grupo representa verdadeiras pechinchas, vende-se frequentemente a 20% a 60% abaixo do preço de retalho, contribuindo para a sensação de achado. Ao contrário do que acontece na Costco, há uma pequena variedade de designs específicos e/ou tamanhos em cada loja, mas as lojas oferecem uma enorme diversidade com imensa variedade, que muda com frequência.

Estes retalhistas são retalhistas de «moda»; não entraram no negócio de vender as apostas perdidas dos outros retalhistas. Têm um grande número de compradores que estudam as tendências. Ao contrário dos retalhistas de moda tradicionais, não têm de fazer uma aposta no início da estação; pelo contrário, podem comprar produtos de liquidação e amostras durante a estação quando têm mais provas do que se está a vender.

O segredo do sucesso para estes retalhistas é estarem sintonizados com a moda. Investem em formação significativa do comprador. Fazem compras quase todas as semanas do ano (não apenas sazonais) e negoceiam quantias significativas a cada transação. Saber quando comprar é tão importante como o que comprar. A maior parte é rapidamente vendida.

O segundo grupo de produtos — feitos especificamente para estas cadeias — também segue as tendências de moda rapidamente. Se os compradores de liquidação virem uma tendência do momento, podem negociar com os fabricantes e terem mercadoria feita diretamente para eles. Alguns vendedores produzem itens em voga a mais porque sabem que os compradores de liquidação ficam com eles. A vantagem para os vendedores é que os retalhistas de produtos de liquidação compram em volume, o que ajuda as economias de escala. E estes retalhistas de liquidação espalham o produto pelas lojas de maneira a que não exista muita oferta só num sítio. E os acordos não costumam ser publicitados, o que é benéfico para ambas as partes.

Todas estas lojas têm um impacto físico grande, o que possibilita a existência de enorme variedade, mas pouco intensa. As lojas da T.J.Maxx, por exemplo, podem ocupar 2136 m^2 de espaço de retalho. Fornecem mais de 16 mil lojas no mundo inteiro. As lojas Burlington são ainda maiores, por vezes, chegam aos 7432 m^2, mas estão a ser dimensionadas talvez para metade dessa área.

Os clientes dos retalhistas de liquidação chegam à loja sem saber o que esperar, mas sabem que se encontrarem uma ótima pechincha devem comprar logo porque para a próxima pode não estar disponível. Isto resulta num sentimento real de urgência e entusiasmo, que ajuda a transferir o inventário rapidamente. O inventário que muda depressa aumenta a frequência a que os consumidores vão à loja.

Sem planos de plataformas online

Esta é uma experiência de compras que não se traduz facilmente nas compras online. Da perspetiva do consumidor, a experiência de compras não se traduz para um pequeno ecrã de computador (ou pior, para um telemóvel), onde precisa de saber o que procura. Numa loja física, pode procurar na loja, ver coisas com a visão periférica e encontrar tesouros acidentalmente. A busca online é muito mais focada.

Da perspetiva do retalhista, há entraves à tentativa de replicar o processo online devido à rápida receita nas lojas. Isto sugere que fotografar o inventário que rapidamente muda seria difícil e, sem uma descrição completa de cada um dos itens, ver e experimentar o produto fisicamente nas lojas torna-se mais importante. Da mesma maneira que é difícil descrever os itens de forma rápida e extensa, as devoluções são um problema muito maior — já para não falar dos custos de entrega que, neste modelo, o cliente tem de suportar. Para além disso, os fabricantes não permitem uma identificação fácil dos produtos de marca, logo, a busca online é proibida. Tudo isto torna difícil ver como este tipo de retalho passaria com sucesso para a versão online.

Números de sucesso

Este setor está a apresentar resultados fortes, com vendas regulares e crescimento da receita. Embora este segmento seja muito bem-sucedido, tem sido difícil de acertar no modelo de liquidação; muitos falharam no passado. A Syms sobrecarregou o mercado; a Loehmann's não conseguiu expandir-se; a Century 21 é muito boa, mas é pequena; e a Filene's Basement não conseguiu expandir-se e sobrecarregou o mercado.

O segredo para o sucesso neste caso é a cadeia de fornecimento e distribuição. Um retalhista de sucesso neste modelo precisa de centros de distribuição enormes, completamente automatizados nos sítios certos. Precisa de conseguir comprar produtos no mundo inteiro e depois distribuí-los de forma eficiente e eficaz por todas as suas lojas. A maior parte destes retalhistas adotam uma abordagem «porta a porta», eliminando a necessidade de armazenamento. É fundamental ter uma rotatividade rápida de inventário nas lojas, para manter a diversidade nova e incentivar os consumidores a voltarem. Têm também de conseguir armazenar muito inventário, se for preciso.

Riscos do modelo no futuro

Embora este modelo tenha tido muito sucesso para os três grandes — a T.J.Maxx, a Ross e a Burlington —, o sucesso traz concorrência e os grandes armazéns estão a reparar. Passaram a dar prioridade às propostas de liquidação e estão a abrir lojas novas. Para além disso, à medida que a tecnologia e a inteligência artificial facilitam a previsão do que os clientes vão querer, as previsões da procura devem ser mais precisas e deve haver menos inventário a preço total à venda.

Alguns analistas especularam que poderá haver concorrência de retalhistas de produtos em segunda mão online, como a thredUP e a Everything But The House. Mas isso parece improvável, por muitas razões. A primeira, a roupa em segunda mão tem, sem dúvida, um desfasamento temporal, que pode ser importante para quem gosta de moda. Em segundo lugar, há alguns consumidores que simplesmente não gostam da ideia de usar roupa que estranhos já vestiram. Talvez mais importante ainda sejam os custos do lado da oferta, como os custos de envio, de inventário, distribuição, para fotografar os itens e com as devoluções, que tornariam difícil este tipo de canal competir de forma eficiente.

Outros retalhistas a construir experiências de cliente fortes noutras competências de liderança

Por fim, há outros retalhistas que oferecem experiências incríveis ao cliente baseadas em pontos fortes noutros quadrantes. A Sephora construiu um programa de fidelização forte e potenciou as competências online para delinear uma experiência de loja «imperdível». A Rebecca Minkoff construiu uma marca de luxo forte, acessível, e está a diferenciar-se ainda mais, assumindo o comando em tecnologia de ponta nas suas lojas.

Figura 6.3. Traçar a experiência do cliente na loja na matriz Kahn de sucesso no retalho

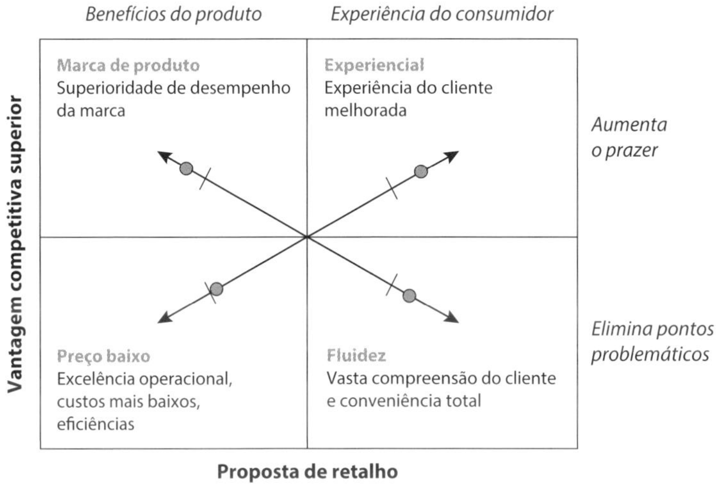

Ambos os retalhistas de especialidade estão a competir online com estratégias fluidas eficazes e produtos de marca muito fortes. São exímios na experiência do cliente e atingem o valor justo no preço, com o objetivo de motivar em relação ao valor, em vez de fazer descontos. Estas ideias estão traçadas na Figura 6.3.

Sephora

A Sephora, detida pela LVMH, é uma experiência de omnicanal completamente integrada com uma base de clientes muito fiel. A loja é um parque de diversões de maquilhagem. Os clientes vão à loja para experimentar a maquilhagem, os produtos de cuidado de pele, os perfumes e tudo o que está relacionado com beleza. Os vendedores da loja estão lá para ajudar e ensinar. Não recebem à comissão.

A experiência na loja está ligada às contas online do cliente, portanto, há um registo das compras anteriores, o que torna as correspondências de cor fáceis de reproduzir. Também, todas as compras ficam registadas num programa sólido de fidelização, que não só permite que se façam as recomendações apropriadas e anúncios de novos produtos à medida, mas também oferece pontos de bónus que dão acesso a presentes de beleza divertidos que mantêm os clientes fiéis.

Embora a experiência online possa ser útil para readquirir itens de *stock*, a compra de produtos de beleza é especialmente propícia a uma experiência de loja, pois a maioria das pessoas gosta de experimentar os produtos antes de comprar. E a novidade é divertida; além de mudar as modas e os estilos, o sonho de encontrar o produto perfeito que irá mantê-la jovem e bela para sempre é aliciante.

A combinação da Sephora de um programa de fidelização bem gerido (com presentes bónus bem calculados e concebidos) e um ambiente divertido na loja é inebriante. As lojas estão sempre a abarrotar, e já vi mulheres à porta de uma Sephora fechada literalmente a chorar por não terem chegado a tempo.

A Sephora está também continuamente a experimentar novos conceitos para manter os ambientes da loja inovadores e renovados. Em 2015, apresentou o conceito TIP (Teach, Inspire, Play/Ensina, Inspira, Brinca), composto por aulas de maquilhagem completamente interativas, uma experiência criada para fomentar a inovação e a experimentação. As estações de maquilhagem têm tecnologia sensorial e de cor que ajudam os clientes a conhecer novas possibilidades. A Sephora também testa realidade aumentada e permite aos clientes experimentarem maquilhagem virtualmente.

A experiência Sephora também tem que ver com interação social. Por exemplo, há uma forte comunidade «Beauty Insider», em que os clientes conversam sobre produtos e moda, sobre qualquer coisa relacionada com beleza. Apenas alguns meses depois do lançamento, o programa tinha 100 mil *live chats* e mais de 20 mil fotos foram partilhadas.

A Sephora também abriu pequenas lojas Sephora Studio, concebidas para ter uma sensação de proximidade. Aqui, a ênfase é na intimidade e estreitamento de relações entre clientes e vendedores, com o objetivo de incentivar visitas mais frequentes.

Será a Sephora vulnerável à ameaça da Amazon?

Correm rumores de que a Amazon anda a pensar apostar na beleza para além da moda. Talvez melhorasse a sua aplicação se copiasse algumas das características da Sephora, e existem algumas possibilidades que se realizam com a função de fotografia do Amazon Echo. Uma concorrência efetiva de preço talvez possa roubar encomendas de recompra. Mas até a Amazon dar prioridade à experiência em si e à faceta social na loja em que a Sephora é excelente, os clientes da Sephora irão muito provavelmente manter-se onde estão.

Além da Amazon, há bastante concorrência neste segmento. Os grandes armazéns, historicamente, detêm grande parte deste mercado, sobretudo no segmento de maior qualidade em que a Sephora compete. No segmento dos preços mais baixos, drogarias, supermercados e promotores em massa, pode competir-se com melhores preços, mas há pouca oportunidade para a experimentação na loja. A Ulta está a sair-se muito bem ao conjugar bens de alto e baixo preço com um ambiente de loja convidativo que inclui salões e um programa de fidelização forte. Há também muitas *start-ups* com olho neste espaço, incluindo a Birchbox e a iminente Glossier, que está a expandir-se rapidamente.

Rebecca Minkoff

A Rebecca Minkoff é uma marca de luxo acessível global que abrange vestuário, malas, calçado, joias e acessórios (incluindo acessórios para homem com a marca Uri Minkoff). A mulher atrás da marca é única no mundo do luxo acessível, no sentido em que está a posicionar a sua linha no espaço em que a tecnologia e a moda se encontram. Como parte desta mensagem, está a transformar a experiência do cliente nas suas lojas. As lojas Rebecca Minkoff estiveram entre as primeiras a tentar transformar a loja física em algo mais parecido com um website — tanto a facultar dados, à medida que o cliente precisa, como na assimilação das preferências do cliente, através da observação de comportamentos na loja.

Já em 2014, as lojas de Nova Iorque e São Francisco da Rebecca Minkoff apresentavam tecnologia de ponta que permitia uma interação semelhante a um website. Quando os clientes entravam na loja e se ligavam à aplicação da marca, encontravam um ecrã grande interativo que lhes permitia interagir com a própria Rebecca e terem acesso a recomendações baseadas nas suas preferências pessoais e comportamentos passados. Além das recomendações, podiam pedir bebidas, reservar os provadores, descobrir quais eram as peças novas em loja e muito mais.

Toda a mercadoria da loja estava etiquetada com tecnologia RFID. Quando os clientes levavam um item para o provador, esta tecnologia fazia com que os itens aparecessem automaticamente no «espelho mágico» à frente deles. Isto servia dois propósitos. O primeiro, permitia ao retalhista registar os itens levados para o provador, informação que até aí era perdida. Esta informação é semelhante aos retalhistas online que gravam itens que vão para o carrinho online, mesmo que os clientes acabem por não os comprar.

Em segundo lugar, de acordo com os itens que o cliente leva, podem fazer-se recomendações sobre os itens que combinam com as peças escolhidas. Mais, os clientes podem pedir tamanhos ou cores diferentes, basta que toquem no espelho e um vendedor vai trazer as peças pedidas. Era igualmente fácil quando o cliente ia pagar. Para além da incrível comodidade, todos estes dados ficavam registados.

A tecnologia da loja aumentou o tempo que os clientes passavam na loja e deu um impulso às vendas de roupa. Dos clientes que experimentaram peças nos provadores, 30% pediram que um vendedor lhes levasse peças adicionais através do ecrã tátil do espelho. A informação também deu a Rebecca Minkoff dados de pesquisa de mercado úteis sobre as peças que eram experimentadas em conjunto e que tamanhos/cores diferentes eram provados.

Mais recentemente, Rebecca Minkoff tem vindo a experimentar com realidade virtual, disposta a ser a primeira marca a vender a clientes num mundo de realidade virtual. Tem estado a trabalhar com a Store No. 8, o braço de incubação tecnológica da Walmart. As experiências têm sido úteis na perceção das melhores disposições nas lojas que beneficiam os clientes — isto pode ser feito de forma muito mais barata na realidade virtual do que experimentando de facto nas lojas físicas.

Em suma, a Rebecca Minkoff é um exemplo de um retalhista que usa tecnologia na experiência do consumidor para fazer a diferença. É benéfico na promoção da marca de Minkoff — foram escritos muitos artigos e *blogs* sobre as suas iniciativas — oferece uma experiência superior que leva clientes à loja e permite a recolha de dados na própria loja física.

Conclusão

Todos os retalhistas deste capítulo se superaram na experiência do consumidor. Como com os produtos de marca, cada experiência é única, e é esse o atrativo. Como o luxo, por vezes, estas experiências são especiais *porque* são difíceis de aceder, raras ou escassas — o oposto da experiência conveniente e simplificada, o forte da Amazon. Muitos dos retalhistas que dão prioridade à experiência física do cliente não o fazem com o *e-commerce* online (embora a Sephora e a Rebecca Minkoff sejam exceções neste campo).

Claro, as boas ideias são sempre copiadas, por isso, a concorrência pode estar ao virar da esquina. Em segundo lugar, as experiências consideradas divertidas, como a experiência de compras de moda, podem mudar ao longo do tempo. Por fim, embora atualmente não seja o caso, talvez no futuro a realidade virtual faça com que estas experiências possam ser reproduzidas em casa.

Como sempre, uma análise de custo-benefício vai ser necessária para calcular se o investimento na experiência de loja gera receitas no longo prazo. Mas, pelo menos, há provas de que se os retalhistas potenciarem o entusiasmo, os clientes vão aparecer.

Conclusão

Em suma, a indústria do retalho está a mudar. Os Estados Unidos, que têm estado «sobrecarregados de lojas» há já algum tempo, estão atualmente a experienciar um número de lojas a fechar sem precedentes. Em parte, a causa desta situação é o crescimento tremendo das compras online. Outra mudança é a utilização disseminada de telemóveis com 24 horas de conetividade que permite aos retalhistas e consumidores encerrarem a lacuna entre os universos offline e online.

Há também novos modelos de retalho que estão a ser desenvolvidos por *start-ups* inovadoras, que incluem modelos de subscrição, lojas físicas de retalho usadas como *showrooms*, em vez de espaços de vendas, e novos paradigmas de aluguer e partilha. Para além de toda esta agitação da indústria, estão a acontecer tendências socioeconómicas macro, incluindo uma nova geração de compradores digitalmente astutos; os avanços tecnológicos incríveis do retalho nas lojas; o advento dos grandes dados, a inteligência artificial, a realidade virtual; e a reação à Grande Recessão que tornou os consumidores mais sensíveis aos preços.

Matriz Kahn de sucesso no retalho

O objetivo deste livro foi partilhar um enquadramento, a matriz Kahn de sucesso no retalho, que ajudasse a fazer sentido de todas estas mudanças. A matriz Kahn de sucesso no retalho permite o mapeamento sistemático de várias estratégias de retalho no mesmo eixo para que possam ser comparadas facilmente. Oferece um vocabulário comum para discutir diferentes alternativas estratégicas de sucesso. Também permite uma medição dos eixos subjacentes, ao longo do tempo, e faculta uma ferramenta gráfica que permite medir o progresso.

Estrategicamente, o enquadramento tem várias indicações importantes.

1. *É fundamental ser o melhor num valor de liderança e depois potenciar esse valor para ser o melhor noutra dimensão.* Não faz mal ser «suficientemente bom» em muitas coisas. Em indústrias muito competitivas, como o retalho se tornou, primeiro é necessário ser o melhor num dos quadrantes estratégicos e, depois, há que potenciar essa vantagem de liderança para se tornar o melhor num segundo valor de liderança. Chamo a esta estratégia «vencedora em dois quadrantes». Ao tentar ser «o melhor» em demasiadas coisas, pode acabar a ver resultados subaproveitados, por isso, é necessário manter o foco e a liderança em duas forças centrais e não tentar ser bom em tudo. Perder esse foco e deixar diluir as forças de liderança é desastroso.
2. *Tem de atingir o valor justo em todos os campos em que não é o melhor.* A implicação aqui é que, enquanto os retalhistas têm de ir ao encontro das expectativas mínimas dos consumidores em aspetos que não se enquadram nas suas forças, não têm de ser os líderes de mercado nessas áreas; no entanto, também não podem ficar aquém.
3. *As expectativas de valor justo do cliente estão constantemente a aumentar* à medida que o mercado se torna mais

competitivo. Embora os retalhistas só tenham de atingir o valor justo em atividades que não sejam os seus pontos fortes, estes objetivos de valor justo são alvos em movimento. Os competidores inteligentes, como a Amazon, estão constantemente a subir a fasquia.

As compras são uma experiência de omnicanal

A revolução comercial não aconteceu devido à passagem das lojas físicas para as compras online. Pelo contrário, os consumidores, nos dias de hoje, esperam uma integração constante entre *todos* os canais. Os dados das experiências offline, móveis e online têm de ser conjugados e os retalhistas progressivos têm de usar esses dados abrangentes para individualizar as experiências de loja em tempo real. Os compradores esperam conseguir pesquisar online e escolher nas lojas, ou pesquisar nas lojas e comprar online. Este é o novo «normal».

A métrica tem de mudar

Neste novo mundo do retalho, a métrica padrão como as vendas por metro quadrado, lucro/perda por canal, a contabilização do tráfego e o tamanho do cesto já não são as únicas métricas a considerar — e podem até não ser as mais apropriadas. Os executivos da Home Depot, por exemplo, estão a considerar novas métricas, como o impacto da impressão da marca, a intenção digital de compra e medidas da conveniência e experiência do consumidor.

E não são só métricas na loja. Estamos, sem dúvida, a passar para um modelo de plataforma, em que os consumidores podem negociar sempre que quiserem em vários canais: a loja física, móvel, online, redes sociais ou a Internet das Coisas. Isto significa que os retalhistas devem lutar por ter domínio da experiência do cliente no máximo de canais e funções possíveis, e muitos não estão a conseguir medir isso. Os consultores da Kurt Salmon rotulam esta omissão de «lacuna de experiência digital». Defendem que uma métrica importante a considerar é a «partilha de casa», ou partilha do ecossistema doméstico (por exemplo, a Alexa da Amazon ou o Siri da Apple).

Aqui, o retalhista que consiga controlar, em última análise, a lista de compras tem uma verdadeira vantagem. Se um consumidor estiver a gravar todas as suas necessidades domésticas com o Alexa da Amazon Echo, então, a Amazon tem a faca e o queijo na mão. Outro objetivo é aumentar a frequência da interação com o consumidor, de maneira que mais dados possam ser recolhidos e extraídos para compreender melhor o que os clientes querem e precisam. Este desejo de mais interação com o cliente motivou retalhistas audazes como a Amazon a entrarem noutros negócios, como a comunicação social, produtos de entretenimento ou Amazon Home Services.

Conseguirão os retalhistas tradicionais recuperar?

Uma das implicações da matriz Kahn de sucesso no retalho é que os retalhistas que não lideram em dois quadrantes estão suscetíveis a cair nas vendas de retalho. Sem dúvida, estamos a presenciar isso em retalhistas tradicionais como a Macy's, a Sears e a Gap, que estão a fechar centenas de lojas e são obrigadas a fazer descontos continuamente ao inventário que demoram a movimentar. Como o antigo CEO da J.Crew, Mickey Drexler, que foi chamado «o príncipe do comércio», disse acerca da sua cliente central: «é extremamente leal, até não nos sairmos bem. Aí, vai querer saldos.»

Os retalhistas tradicionais estão «presos no meio». Além de não serem líderes, os retalhistas tradicionais não conseguiram ir ao encontro das expectativas, cada vez maiores, dos clientes, estabelecidas pelos concorrentes mais inovadores.

Estes retalhistas tradicionais estão a falhar em todos os quatro quadrantes. A Amazon e outros retalhistas online captaram as vendas dos clientes que agora exigem a conveniência de comprar online e uma entrega rápida. A Sephora e a Ulta estão a atrair os compradores de cosmética e beleza que pretendem ambientes mais interativos e sociais na loja. As marcas de moda verticais estão a evitar vender os bens através dos grandes armazéns tradicionais e plataformas de retalho e estão a vender os produtos de marca diretamente ao consumidor final. Por fim, os compradores sensíveis aos preços e que gostam de pechinchas são atraídos por experiências de caça ao tesouro a preços baixos todos os dias dos retalhistas de liquidação.

Poderão estes retalhistas tradicionais recuperar? É possível. As experiências de loja péssimas têm de ser atualizadas. Têm de entrar no *e-commerce* de vanguarda. Mas isso não é suficiente. Têm de dar uma razão aos clientes para irem ter com eles; têm de encontrar as suas próprias estratégias de liderança.

Talvez a melhor aposta para os retalhistas convencionais seja voltarem a vencer no produto de marca e abrirem novos canais para competir no quadrante do Preço baixo. O novo CEO da Macy's prometeu que a Macy's vai ser a nova «autoridade na moda». Se conseguir cumprir a promessa, pode trazer os seus compradores fiéis de volta. A Macy's também abriu uma nova loja de liquidação, com experiências de caça ao tesouro, as lojas Backstage. Novamente, se conseguir passar para uma estratégia de liderança neste campo, pode tornar-se uma interveniente viável.

Da mesma maneira, a Gap está a fechar muitas lojas Gap e Banana Republic, que ficam muitas vezes «presas no meio», sem qualquer posicionamento de liderança, e está a reinvestir na Old Navy, que compete com eficácia no quadrante do Baixo preço com moda de tendência, e na Athleta, que oferece um produto de marca dirigido a um segmento específico. Para permanecerem atuais, estas cadeias terão de adotar algumas das estratégias dos seus concorrentes de «fast fashion» e passarem para cadeias de distribuição rápidas e flexíveis para conseguirem estar a par das tendências em rápida mudança à medida que acontecem.

Estes são definitivamente passos na direção certa, mas a questão fundamental é: conseguirão ter sucesso e tornar-se os líderes que foram, outrora, ou será um esforço insuficiente, levado a cabo demasiado tarde?

Apêndice:
medir limites de valor justo

Como referido no Capítulo 1, as expectativas do valor justo estão traçadas como linhas perpendiculares em cada eixo, como exemplificado na Figura 1.3. As expectativas dos clientes estão todas equidistantes da origem, mas não tem de ser assim. Quanto mais afastado o limiar das expectativas do cliente estiver da origem, mais altas são as expectativas nessa dimensão, representando um mercado mais difícil em termos competitivos para competir e ganhar.

Para medir estes limiares de valor justo, devem ser levados a cabo estudos de mercado específicos para aferir o que os clientes esperam. Por exemplo, em relação às dimensões da marca e do preço, pode elaborar-se uma análise padrão conjunta, baseada na escolha nessa categoria, para determinar a importância relativa da marca e do preço nas decisões de cada segmento estratégico de cliente e a utilidade relativa para os diferentes preços e valores da marca. A pesquisa de mercado também pode determinar os valores mínimos aceitáveis em cada um dos eixos.

É menos comum medir as dimensões da experiência de cliente. Contudo, podem ser usadas as mesmas ferramentas de pesquisa de mercado. Por exemplo, no quadrante Fluidez, podem ser usadas técnicas conjuntas para determinar a importância que os tempos de entrega rápida desempenham, os sistemas de recomendação e a utilização de aplicações ou aparelhos de reconhecimento de voz.

Para além disso, podem registar-se medições objetivas, como os tempos médios de serviço ou outras.

Talvez a expectativa mais difícil de medir seja o quadrante Experiencial, simplesmente porque estas experiências vão ser idiossincráticas e novas quase por definição. Neste caso, talvez se possa substituir por técnicas de *benchmarking*. Por exemplo, no setor da beleza, pode usar-se a avaliação das experiências dos clientes nas lojas concorrentes. Pode definir-se o limite mínimo como o resultado médio da experiência. Pode também dar-se o caso de a avaliação deste aspeto se refletir no valor que os consumidores dão ao nome da marca do retalhista (por exemplo, Sephora ou Eataly). Se assim for, estes valores podem ser avaliados da mesma forma que o peso do nome da marca é considerado e as classificações medem-se através de uma análise conjunta. Albert Vita, diretor de perceção estratégica e *visual merchandising* na Home Depot, sugeriu outras medidas criativas para este quadrante, como inspiração por metro quadrado e conveniência para os vendedores na apresentação de experiências para o cliente.

Depois de traçar as expectativas do cliente, pode traçar-se a posição da empresa nos eixos, em relação a este valor justo ou limiar de expectativas. Está a empresa a apresentar-se abaixo ou acima das expectativas do cliente, em cada uma destas dimensões?

Uma forma de registar se a empresa está a satisfazer as expectativas do cliente ao longo do tempo é usando um processo adaptado dos Bain's Net Promoter Scores (NPS). Por exemplo, os retalhistas podem calcular os resultados NPS para cada dimensão: preços justos, conveniência, experiência de compras agradável, marcas desejáveis. Os resultados apresentam índices que vão de –100 a 100 e podem ser usados como valores para avaliar a satisfação global dos clientes com o desempenho da empresa. Para estimar a vantagem competitiva relativa, também se podem calcular os resultados dos concorrentes próximos.

Referências

Introdução

Andrews, Travis M., «America Is "Over-Stored" and Payless Shoe Source Is the Latest Victim», *Washington Post*, 5 de abril de 2017, acedido a 24 de fevereiro de 2018, https://www.washingtonpost.com/news/morning-mix/wp/2017/04/05/america-is-over-stored-and-payless--shoesource-is-the-latest-victim/?utm_term=.4aee285104d5.

BI Intelligence, «Amazon Accounts for 43% of US Online Retail Sales», *Business Insider*, 3 de fevereiro de 2017, acedido a 24 de fevereiro de 2018, http://www.businessinsider.com/amazon-accounts-for-43-of-us-online-retail-sales-2017-2.

Chitrakorn, Kati, «5 Technologies Transforming Retail in 2018», *The Business of Fashion*, 19 de janeiro de 2018, acedido a 24 de fevereiro de 2018, https://www.businessoffashion.com/articles/fashion-tech/5-technologies-transforming-retail.

Clark, Patrick, e Dorothy Gambrell, «These Cities Have Too Many Stores, and They're Still Building», *Bloomberg*, 12 de junho de 2017, acedido a 25 de fevereiro de 2018, https:// www.bloomberg.com/news/articles/2017-06-12/what-s-killing-american-retail-take-a-look-at-this-chart-for-a-start.

Farner, Shawn, «How Big Data is Changing the Retail Industry», *Disruptor Daily*, 10 de novembro de 2017, acedido a 24 de fevereiro de 2018, https://www.disruptordaily.com/big-data-changing-retail-industry/.

Green, Dennis, e Megan Harney, «More than 8,000 Store Closures Were Announced in 2017—Here's the Full List», *Business Insider*, 20 de dezembro de 2017, acedido a 24 de fevereiro de 2018, http://www.businessinsider.com/stores-closures-announced-in-2017-2017-12/#radioshack-1430-stores-1.

Howard, Robert, Jack Horst, Michele Orndorff, e Paul Schottmiller, *Surviving the Brave New World of Food Retailing: A Roadmap to Relevance for the Future for Food Retailers*, Kurt Salmon/Coca Cola Retailing Research Council, 2016, acedido a 24 de fevereiro de 2018, https://www.ccrrc.org/2017/01/26/surviving-brave-new-world-food-retailing-roadmap-relevance-future.

Hyken, Shep, «Sixty-Four Percent of U.S. Households Have Amazon Prime», *Forbes*, 17 de junho de 2017, acedido a 24 de fevereiro de 2018, https://www.forbes.com/sites/shephyken/2017/06/17/sixty-four-percent-of-u-s-households-have-amazon-prime/#6b2f48784586.

Medal, Andrew, «4 Things You Need to Know about Gen Z's Shopping Habits», *Inc.*, 27 de novembro de 2017, acedido a 25 de fevereiro de 2018, https://www.inc.com/andrew-medal/how-to-give-gen-zers-shopping-experience-they-want.html.

«Navigating the Digital Experience Paradox», *Kurt Salmon*, 26 de setembro de 2016, acedido a 25 de fevereiro de 2018, http://www.kurtsalmon.com/en-us/Retail/vertical-insight/1626/Navigating-the-Digital-Experience-Paradox.

Pandolph, Stephanie, e Jonathan Camhi, «Amazon Prime Subscribers Hit 80 Million», *Business Insider*, 27 de abril de 2017, acedido a 24 de fevereiro de 2018, http://www.businessinsider.com/amazon-prime-subscribers-hit-80-million-2017-4.

Pickard, Katie, «Generation Z and Its 3 Most Important Consumer Behaviors», *Precision Dialogue*, 6 de fevereiro de 2017, acedido a 24 de fevereiro de 2018, http://www.precisiondialogue.com/generation-z-consumer-behaviors/.

Reda, Susan, «21 Ways Amazon Changed the Face of Retail», *Stores Magazine*, setembro de 2016, pp. 30–33.

Reynolds, Cormac, «5 Ways Big Data Is Changing Retail and How We Shop and Sell»,

Data Floq, 19 de novembro de 2015, acedido a 24 de fevereiro de 2018, https://datafloq.com/read/5-ways-big-data-changing-retail-shop-sell/1682.

Sonsev, Veronika, «Retail Technology and Marketing Trends on the Rise for 2018»,

Fortune, 22 de janeiro de 2018, acedido a 24 de fevereiro de 2018, https://www.forbes.com/sites/veronikasonsev/2018/01/22/retail-technology-and-marketing-trends-on-the-rise-for-2018/#10b5f7ec64c0.

Thomas, Lauren, «Bankruptcies Will Continue to Rock Retail in 2018. Here's What You Need to Watch», *CNBC*, 13 de dezembro de 2017, acedido a 24 de fevereiro de 2018, https://www.cnbc.com/2017/12/13/bankruptcies-will-continue-to-rock-retail-in-2018-watch-these-trends.html.

Thompson, Derek, «What in the World Is Causing the Retail Meltdown of 2017?», *The Atlantic*, 10 de abril de 2017, acedido a 26 de fevereiro de 2018, https://www.theatlantic.com/business/archive/2017/04/retail-meltdown-of2017/522384/.

Treacy, Michael, e Fred Wiersema, *The Discipline of Market Leaders: Choose Your Customers, Narrow Your Focus, Dominate Your Market* (Reading, MA: Addison-Wesley, 1995).

Wertz, Boris, «The Next Big E-Commerce Wave: Vertically Integrated Commerce», *TechCrunch*, 29 de setembro de 2012, acedido a 24 de fevereiro de 2018, https://techcrunch.com/2012/09/29/the-next-big-e-commerce-wave-vertically-integrated-commerce/.

Capítulo 1

Howard, Robert, Jack Horst, Michele Orndorff, and Paul Schottmiller, *Surviving the Brave New World of Food Retailing: A Roadmap to Relevance for the Future for Food Retailers*, Kurt Salmon/Coca Cola Retailing Research Council, 2016, acedido a 24 de fevereiro de 2018, https://www.ccrrc.org/2017/01/26/surviving-brave-new-world-food-retailing-roadmap-relevance-future.

Krantz, Matt, «Amazon Just Surpassed Walmart in Market Cap», *USA Today*, 23 de julho de 2015, acedido a 30 de março de 2018, https://www.usatoday.com/story/money/markets/2015/07/23/amazon-worth-more-walmart/30588783/.

Loeb, Walter, «Macy's and Other Retailers Need Merchants Who Will Step Out to Win», *Forbes*, 6 de julho de 2017, acedido a 24 de fevereiro de 2018, https://www.forbes.com/sites/walterloeb/2017/07/06/macys-and-every-other-retailer-as-well-needs-merchants-who-will-step-out-to-win/#18530641af36.

«Mixed Feelings: How Shoppers Think about Brick-and-Mortar», *eMarketer Retail*, 3 de maio de 2017, acedido a 24 de fevereiro de

2018, https://retail.emarketer.com/article/mixed-feelings-how-shoppers-think-about-brick-and-mortar/590a4d28ebd400097ccd5f8b.

«Navigating the Digital Experience Paradox», *Kurt Salmon*, 26 de setembro de 2016, acedido a 25 de fevereiro de 2018, http://www.kurtsalmon.com/en-us/Retail/vertical-insight/1626/Navigating-the-Digital-Experience-Paradox.

Ruff, Corinne, «7 Retail Execs Envision the Future of Stores», *Retail Dive*, 13 de fevereiro de 2018, acedido a 24 de fevereiro de 2018, https://www.retaildive.com/news/7-retail-execs-envision-the-future-of-stores/516795/.

Treacy, Michael, e Fred Wiersema, *The Discipline of Market Leaders: Choose Your Customers, Narrow Your Focus, Dominate Your Market* (Reading, MA: Addison-Wesley, 1995).

Wahba, Phil, «Amazon Will Make Up 50% of All U.S. E-Commerce by 2021», *Fortune*, April 20, 2017, acedido a 30 de março de 2018, http://fortune.com/2017/04/10/ amazon-retail/.

Capítulo 2

Amazon.com, «Jeff Bezos' 2016 Letter to Shareholders», 17 de abril de 2017, acedido a 3 de abril de 2018, https://www.amazon.com/p/feature/z6o9g6sysxur57t.

Amazon.com, «Powering Earth's Best Customer Service Experience», acedido a 30 de março de 2018, https://www.amazon.jobs/en-gb/team/customer-service-technology.

Amazon.com, «Working at Amazon», acedido a 30 de março de 2018, https://www.amazon.com/p/feature/cdkk293z8nzm7q8.

«Amazon Strategy Teardown: Building New Business Pillars in AI, Next-Gen Logistics, and Enterprise Cloud Apps», *CB Insights*, 2017, acedido a 24 de fevereiro de 2018, https:// www.cbinsights.com/research/report/amazon-strategy-teardown/.

Broida, Rick, «You Just Got Your First Amazon Dash Button, Now What?» *CNET*, 8 de dezembro de 2017, acedido a 24 de fevereiro de 2018, https://www.cnet.com/how-to/you-just-got-your-first-amazon-dash-button-now-what/.

ChaThin, Max, «Amazon Needs to Watch What It Eats», *Bloomberg*, 31 de julho de 2017, acedido a 26 de fevereiro de 2018, https://

www.bloomberg.com/news/articles/2017-07-31/amazon-needs-to-watch-what-it-eats.

CNBC, «Amazon's $13.7 Billion Bet on Online Grocery Ordering Hasn't Convinced Shoppers to Stay Home», *US Stock Info*, 17 de outubro de 2017, acedido a 24 de fevereiro de 2018, https://stockinfo.us/2017/10/17/cnbc-amazon-s-13-7-billion-bet-on-online-grocery--ordering-hasn-t-convinced-shoppers-to-stay-home/.

Gabor, Deb, «How the Amazon-Sears Deal Could Make the Smart Home a Reality»,

Fortune, 26 de julho de 2017, acedido a 25 de fevereiro de 2018, http://fortune.com/2017/07/26/amazon-sears-kenmore-smart-home/.

Gasparro, Annie, e Laura Stevens, «Amazon's Grocery Ambitions Spell Trouble for Big Food Brands», *Wall Street Journal*, 26 de junho de 2017, acedido a 26 de fevereiro de 2018, https://www.wsj.com/articles/amazons-grocery-ambitions-spell-trouble-for-big-food--brands-1498469402.

Goel, Vindu, «Amazon, in Hunt for Lower Prices, Recruits Indian Merchants», *New York Times*, 26 de novembro de 2017, acedido a 25 de fevereiro de 2018, https://www.nytimes.com/2017/11/26/technology/amazon-india-merchants.html.

Hays, Kali, «Amazon Inks Violet Grey Deal: Sources», *WWD*, 28 de julho de 2017, acedido a 25 de fevereiro de 2018, http://wwd.com/business-news/financial/amazon-violet-grey-second-quarter-luxury-beauty-10953327/.

Howland, Daphne, «Amazon Smashes Cyber Monday Record», *Retail Dive*, 30 de novembro de 2017, acedido a 24 de fevereiro de 2018, https://www.retaildive.com/news/amazon-smashes-cyber-monday-record/511975/.

Jarvey, Natalie, «Amazon's Hollywood Shopping Cart Secrets», *Hollywood Reporter*, 15 de julho de 2015, acedido a 30 de março de 2018, https://www.hollywoodreporter.com/features/amazon-prime-day-hollywood-shopping-808533.

Kim, Eugene, «Amazon Quietly Launched an App Called Relay to Go after Truck Drivers», *CNBC*, 16 de novembro de 2017, acedido a 25 de fevereiro de 2018, https://www.cnbc.com/2017/11/16/amazon--quietly-launched-an-app-called-relay-to-go-after-truck-drivers.html.

Kim, Tae, «Buy Amazon because Alexa Will Drive $10 Billion in Sales By 2020, RBC's Mahaney Predicts», *CNBC*, 21 de dezembro de 2017, acedido a 24 de fevereiro de 2018, https:// www.cnbc.com/2017/12/21/buy-amazon-because-alexa-will-drive-10-billion--in-sales-rbc-capital.html.

Kim, W. Chan, Renee Mauborgne, e Oh Young Koo, «Amazon: Successes and Failures of Amazon's Growth Strategies: Causes and Consequences» (Caso de Estudo IN1397-PDF-ENG), *Harvard Business Review*, 25 de setembro de 2017, acedido a 24 de fevereiro de 2018, https://hbr.org/product/successes-and-failures-of-amazons-growth-strategies-causes-and-consequences/IN1397-PDF-ENG.

Kirby, Julia, e Thomas A. Stewart, «The Institutional Yes», *Harvard Business Review*, outubro de 2007, acedido a 3 de abril de 2018, https://hbr.org/2007/10/the-institutional-yes.

Kittilaksanawong, Wiboon, e Auriela Karp, «Amazon Go: Venturing into Traditional Retail» (Caso de Estudo W17398-PDF-ENG), *Harvard Business Review*, 28 de junho de 2017, acedido a 24 de fevereirode2018,https://hbr.org/product/amazon-go-venturing-into-traditional-retail/W17398-PDF-ENG.

Lashinsky, Adam, «Amazon's Jeff Bezos: The Ultimate Disrupter», *Fortune*, 16 de novembro de 2012, acedido a 30 de março de 2018, http://fortune.com/2012/11/16/amazons-jeff-bezos-the-ultimate-disrupter/.

Martinez, Michael, «Amazon: Everything You Wanted to Know about Its Algorithm and Innovation», *IEEE Internet Computing*, 27 de setembro de 2017, acedido a 24 de fevereiro de 2018, https://www.computer.org/internet-computing/2017/09/27/amazon-all-the-research-you-need-about-its-algorithm-and-innovation/.

Milnes, Hilary, «"Trapped": How Amazon Is Cornering Fashion Brands into Wholesale»,

Glossy, 10 de julho de 2017, acedido a 26 de fevereiro de 2018, http://www.glossy.co/the-amazon-effect/trapped-how-amazon-is-cornering-fashion-brands-into-wholesale.

Mims, Christopher, «The Limits of Amazon», *Wall Street Journal*, 1 de janeiro de 2018, acedido a 3 de abril de 2018, https://www.wsj.com/articles/the-limits-of-amazon-1514808002.

Molla, Rani, and Jason Del Rey, «Amazon's Epic 20-Year Run as a Public Company, Explained in Five Charts», *Recode*, 15 de maio de 2017, acedido a 24 de fevereiro de 2018, https:// www.recode.net/2017/5/15/15610786/amazon-jeff-bezos-public-company-profit-revenue-explained-five-charts.

Reda, Susan, «21 Ways Amazon Changed the Face of Retail», *Stores Magazine*, setembro de 2016, pp. 30–33.

———, «What's in Store for 2018?» *Stores Magazine*, 4 de dezembro de 2017, acedido a 25 de fevereiro de 2018, https://stores.org/2017/12/04/looking-forward/.

Rigby, Darrell K., «The Amazon–Whole Foods Deal Means Every Other Retailer's Three-Year Plan Is Obsolete», *Harvard Business Review*, 21 de junho de 2017, acedido a 24 de fevereiro de 2018, https://hbr.org/2017/06/the-amazon-whole-foods-deal-means-every-other-retailers-three-year-plan-is-obsolete.

Robischon, Noah, «Why Amazon Is the World's Most Innovative Company of 2017», *Fast Company*, 13 de fevereiro de 2017, acedido a 24 de fevereiro de 2018, https://www.fastcompany.com/3067455/why-amazon-is-the-worlds-most-innovative-company-of-2017.

Ruff, Corinne, «Are Calvin Klein's Amazon *Pop-ups* Dissing Department Stores?»

Retail Dive, 29 de novembro de 2017, acedido a 25 de fevereiro de 2018, https://www.retaildive.com/news/are-calvin-kleins-amazon-*pop-ups*-dissing-department-stores/511700/.

Schmid, Helen, «Competitive Strategy: Should You Compete with Amazon or Sell on Amazon?» *Harvard Business Review*, 23 de maio de 2016, acedido a 24 de fevereiro de 2018, https:// hbr.org/2016/05/should-you-compete-with-amazon-or-sell-on-amazon.

Scott, Dylan, «What to Make of Amazon and Warren Buffett's Mystery Health Care Project», *Vox*, 31 de janeiro de 2018, acedido a 24 de fevereiro de 2018, https://www.vox.com/technology/2018/1/31/16950500/amazon-health-care-jp-morgan-chase-warren-buffett.

Siegel, Richie, «Op-Ed: Will the Digitally Native Brand Building Playbook Produce Results?», *The Business of Fashion*, 29 de novembro de 2017, acedido a 3 de abril de 2018, https://www.businessoffashion.com/articles/opinion/op-ed-will-the-digital-native-brand-building-playbook-produce-results.

Skrovan, Sandy, «Report: Amazon and Whole Foods to Thrive by Nabbing Each Other's Customers», *Retail Dive*, 15 de setembro de 2017, acedido a 24 de fevereiro de 2018, http://www.retaildive.com/news/report-amazon-and-whole-foods-to-thrive-by-nabbing-each-others--customers/505050/.

Spector, Robert, «The Rise and Fall of Toys 'R' Us», *The Robin Report*, 18 de outubro de 2017, acedido a 25 de fevereiro de 2018, http://www.therobinreport.com/the-rise-and-fall-of-toys-r-us/.

Stevens, Laura, «Amazon Delays Opening of Cashierless Store to Work Out Kinks»,

Wall Street Journal, 27 de março de 2017, acedido a 25 de fevereiro de 2018, https://www.wsj.com/articles/amazon-delays-convenience-store-opening-to-work-out-kinks-1490616133.

Stevens, Laura, e Sara Germano, «Nike Thought It Didn't Need Amazon—Then the Ground Shifted», *Wall Street Journal*, 28 de junho de 2017, acedido a 25 de fevereiro de 2018, https:// www.wsj.com/articles/how-nike-resisted-amazons-dominance-for-years-and-finally--capitulated-1498662435.

Thompson, Derek, «Why Amazon Bought Whole Foods», *The Atlantic*, 16 de junho de 2017, acedido a 24 de fevereiro de 2018, https://www.theatlantic.com/business/archive/2017/06/why-amazon-bought-whole-foods/530652/.

Thomson, James, «Strategies to Be Successful Selling on Amazon in 2018», *International Business Times*, 21 de novembro de 2017, acedido a 24 de fevereiro de 2018, http://www.ibtimes.com/5-strategies-be-successful-selling-amazon-2018-2617932.

US Securities and Exchange Commission, «2015 Letter to Shareholders», 24 de abril de 2015, acedido a 3 de abril de 2018, https://www.sec.gov/Archives/edgar/data/1018724/000119312516530910/d168744dex991.htm.

Wells, John R., Gale Danskin, e Gabriel Ellsworth, «Amazon.com, 2016», Caso de Estudo 9-716-402 da *Harvard Business School*, 16 de maio de 2016, acedido a 26 de fevereiro de 2018, https:// www.scribd.com/document/370797374/Amazon.

Capítulo 3

Bose, Nandita, «Exclusive: ALDI Raises Stakes in U.S. Price War with Wal-Mart», *Reuters*, 11 de maio de 2017, acedido a 26 de fevereiro de

2018, http://www.reuters.com/article/us-aldi-walmart-pricing-exclusive/exclusive-aldi-raises-stakes-in-u-s-price-war-with-wal-mart-idUSKBN1870EN.

Chen, Oliver, «Target: Expect More, Pay Less... & Go from Crunches to Brunches», *Cowen Report*, 16 de agosto de 2017.

Cheng, Andria, «Dollar Stores' Growth Opportunities—and Challenges», *eMarketerRe- tail*, 1 de junho de 2017, acedido a 24 de fevereiro de 2018, https://retail.emarketer.com/article/dollar-stores-growth-opportunitiesandchallenges/59308c35ebd4000b2ceae02d.

Clark, Evan, e Sharon Edelson, «Buying the Future: Amazon, Walmart Cut Deals to Compete», *WWD*, 19 de junho de 2017, acedido a 24 de fevereiro de 2018, http://wwd.com/business-news/financial/amazon-wal-mart-jet-whole-foods-marc-lore-jeff-bezos-retail-ecommerce-acquisition-10917720/.

Clifford, Stephanie, «Where Wal-Mart Failed, Aldi Succeeds», *New York Times*, 29 de março de 2011, acedido a 24 de fevereiro de 2018, http://www.nytimes.com/2011/03/30/business/30aldi.html.

Del Ray, Jason, «Walmart Has Acquired the Logistics Startup Parcel to Help Launch Same-Day Delivery in New York City», *Recode*, 3 de outubro de 2017, acedido a 24 de fevereiro de 2018, https://www.recode.net/2017/10/3/16405158/walmart-parcel-acquisition-logistics-same-day-delivery-startup.

Edelson, Sharon, «Wal-Mart's New Focus: Technology Is Priority, Not Super Centers», *WWD*, 10 de outubro de 2017, acedido a 24 de fevereiro de 2018, http://wwd.com
/business-news/retail/wal-marts-2017-analyst-meeting-technology-is-buzzword-11024483/.

The Hartman Group, «ALDI Is a Growing Menace to America's Grocery Retailers», *Forbes*, 14 de abril de 2015, acedido a 24 de fevereiro de 2018, https://www.forbes.com/sites/thehartmangroup/2015/04/14/aldi-is-a-growing-menace-to-americas-grocery-retailers/#42d8a711f077.

Hirsch, Lauren, «Jet Launches Its Own Private Label Brand, Uniquely J», *CNBC*, 20 de outubro de 2017, acedido a 24 de fevereiro de 2018, https://www.cnbc.com/2017/10/20/jet-launches-private-label-brand-uniquely-j.html.

Howland, Daphne, «Jet Takes on Amazon, Target with New Private Brand 'Uniquely J'»,

Retail Dive, 24 de outubro de 2017, acedido a 26 de março de 2018, https://www.retaildive.com/news/jet-takes-on-amazon-target-with--new-private-brand-uniquely-j/507983/.

———, «Why Walmart Is Betting Big on E-Commerce Acquisitions», *Retail Dive,*

31 de março de 2017, acedido a 24 de fevereiro de 2018, https://www.retaildive.com/news/why-wal-mart-is-betting-big-on-e-commerce-acquisitions/443177/.

———, «Walmart Reportedly Testing Amazon Go-Like Store, Personal Shopping Service», *Retail Dive,* 21 de dezembro de 2017, acedido a 24 de fevereiro de 2018, https://www.retaildive.com/news/walmart-reportedly-testing-amazon-go-like-store-personal-shopping-service/513610/.

Irwin, Neil, «The Amazon-Walmart Showdown that Explains the Modern Economy»,

New York Times, 16 de junho de 2017, acedido a 24 de fevereiro de 2018, https://www.nytimes.com/2017/06/16/upshot/the-amazon-walmart-showdown-that-explains-the-modern-economy.html.

Kelleher, Kevin, «How Walmart Uses AI to Serve 140 Million Customers a Week»,

Venture Beat, 11 de julho de, 2017, acedido a 24 de fevereiro de 2018, https://venturebeat.com/2017/07/11/how-walmart-uses-ai-to-serve-140-million-customers-a-week/.

Mattern, Jessica Leigh, «Here's the Real Reason Everyone Loves ALDI So Much», *Country Living,* 6 de outubro de 2017, acedido a 24 de fevereiro de 2018, http://www.countryliving.com/food-drinks/news/a45149/how-aldi-stores-work/.

Mondloch, Emily, «It's a New Day for Dollar Stores», Baber Martin Agency,

15 de setembro de 2017, acedido a 24 de fevereiro de 2018, https://www.barbermartin.com/dollar-stores-retail-expansion/.

O'Shea, Don, «How Walmart Is Using Tech This Holiday Season», *Retail Dive,*

26 de novembro de 2017, acedido a 24 de fevereiro de 2018, https://www.retaildive.com/news/how-walmart-is-using-tech-this-holiday-season/511607/.

Ruff, Corinne, «Walmart's Store No. 8 Showcases the Future of VR», *Retail Dive,* 19 de outubro de 2017, acedido a 24 de fevereiro de 2018, https://www.retaildive.com/news/walmarts-store-no-8-showcases-the-future-of-vr/507639/.

Soper, Taylor, «How STRIVR Expanded Its VR Sport Training Platform to Walmart Associates and NFL Referees», *GeekWire*, 18 de agosto de 2017, acedido a 24 de fevereiro de 2018, https://www.geekwire.com/2017/strivr-expanded-vr-sports-training-platform-walmart-associates-nfl-referees/.

Thomas, Lauren, e Courtney Reagan, «Take that Alexa! Walmart Partners with Google to Offer Voice Shopping», *CNBC*, 23 de agosto de 2017, acedido a 24 de fevereiro de 2018, https://www.cnbc.com/2017/08/22/wal-mart-partners-with-google-to-offer-voice-shopping-via-google-home.html.

«Walmart: Thinking Outside the Box», *The Economist*, 4 de junho de 2016, acedido a 24 de fevereiro de 2018, https://www.economist.com/news/business/21699961-american-shoppers-move-online-walmart-fights-defend-its-dominance-thinking-outside.

Capítulo 4

Chu, Melissa, «The Unconventional Strategy Zara Used to Dominate an Industry (and What We Can Do to Mirror Its Success)», *The Mission*, 12 de setembro de 2017, acedido a 25 de fevereiro de 2018, https://medium.com/the-mission/the-unconventional-strategy-zara-used-to-dominate-an-industry-and-what-we-can-do-to-mirror-its-4078698c08e0.

Dunn, Andy, «The Book of DNVB: The Rise of Digitally Native Vertical Brands», *Medium*, 9 de maio de 2016, acedido a 25 de fevereiro de, 2018, https://medium.com/@dunn/digitally-native-vertical-brands-b26a26f2cf83.

Howland, Daphne, «Nordstrom Opening Merchandise-Free Concept», *Retail Dive*, 11 de setembro de 2017, acedido a 25 de fevereiro de 2018, http://www.retaildive.com/news/nordstrom-opening-merchandise-free-concept/504655/.

Kowsmann, Patricia, «Zara's Strategy: Bigger Stores, Online Push», *MarketWatch*, 16 de março de 2017, acedido a 25 de fevereiro de 2018, https://www.marketwatch.com/story/zaras-strategy-bigger-stores-online-push-2017-03-16.

Lutz, Ashley, «This Clothing Company Whose CEO Is Richer than Warren Buffett Is Blowing the Competition Out of the Water», *Business Insider*, 13 de junho de 2015, acedido a 25 de fevereiro de 2018, http://www.businessinsider.com/zaras-retail-strategy-is-winning-2015-6.

Mang, Lauren, «The Un-Store: High-End Stores That Don't Actually Sell Anything Are the Future of Retail», *Quartz*, 24 de novembro de 2017, acedido a 25 de fevereiro de 2018, https://qz.com/1135230/high-end-stores-that-dont-actually-sell-anything-are-the-future-of-retail/.

Neumann, Jeannette, «How Zara Is Defying a Broad Retail Slump», *Wall Street Journal*, 14 de junho de 2017, acedido a 25 de fevereiro de 2018, https://www.wsj.com/articles/how-zara-is-defying-a-broad-retail-slump-1497467742.

«Our Story», página da Trader Joe's, acedida a 25 de fevereiro de 2018, https://www.traderjoes.com/our-story.

Roll, Martin, «The Secret of Zara's Success: A Culture of Customer Co-Creation», *Martin Roll Business & Brand Leadership*, dezembro de 2016, acedido a 25 de fevereiro de 2018, https://martinroll.com/resources/articles/strategy/the-secret-of-zaras-success-a-culture-of-customer-co-creation/.

Siegel, Richie, «From a Digitally-Native Gold Rush to an Impending Bloodbath», *Loose Threads*, 20 de outubro de 2017, acedido a 26 de fevereiro de 2018, https://loosethreads.com/espresso/2017/10/19/digitally-native-gold-rush-impending-bloodbath/.

———, «Op-Ed: Will the Digitally Native Brand Building Playbook Produce Results?»

The Business of Fashion, 29 de novembro de 2017, acedido a 25 de fevereiro de 2018, https://www.businessoffashion.com/articles/opinion/op-ed-will-the-digital-native-brand-building-playbook-produce-results.

Taylor, Kate, «Whole Foods Is Cutting Prices—and It's Hitting Trader Joe's Hard»,

Business Insider, 3 de outubro de 2017, acedido a 25 de fevereiro de 2018, http://www.businessinsider.com/amazon-buys-whole-foods-hurts-trader-joes-target-2017-10.

«The Top 25 Digitally Native Vertical Brands 2017» (relatório branco), *Pixlee*, 2017, acedido a 25 de fevereiro de 2018, https://www.pixlee.com/download/the-top-digitally-native-brands-report-for-2017.

Varma, Ankita, «Zara's Secret to Success Lies in Big Data and an Agile Supply Chain»,

Straits Times, 25 de maio de 2017, acedido a 25 de fevereiro de 2018, http://www.straitstimes.com/lifestyle/fashion/zaras-secret-to-success-lies-in-big-data-and-an-agile-supply-chain.

Welch, Liz, «How Casper Became a $100 Million Company in Less Than Two Years», *Inc.*, 25 de fevereiro de 2016, acedido a 25 de fevereiro de 2018, https://www.inc.com/magazine/201603/liz-welch/casper--changing-mattress-industry.html.

Wilson, Marianne, «Hot Online Mattress Start-Up Delves into Brick--and-Mortar»,

Chain Store Age, 1 de novembro de 2017, acedido a 25 de fevereiro de 2018, https://www.chainstoreage.com/store-spaces/hot-online-mattress-start-delves-brick-mortar/.

Wohletz, Jenn, «Top Five Reasons Why People Love Trader Joe's So F*@%ing Much»,

Westword, 17 de fevereiro de 2012, acedido a 25 de fevereiro de 2018, http://www.westword.com/restaurants/top-five-reasons-why-people-love-trader-joes-so-f-ing-much-5773473.

Capítulo 5

Alvarez, Edgar, «The World of High Fashion Finally Has Its Answer to Amazon», *Engadget*, 13 de junho de 2017, acedido a 25 de fevereiro de 2018, https://www.engadget.com/2017/07/13/lvmh-24-sevres-interview/.

Berezhna, Victoria, «The Art of the Markdown», *The Business of Fashion*, 15 de dezembro de 2017, acedido a 25 de fevereiro de 2018, https://www.businessoffashion.com/articles/intelligence/the-art-of-the-markdown.

Berthon, Pierre, Leyland F. Pitt, Michael Parent, e Jean-Paul Berthon, «Aesthetics and Ephemerality: Observing and Preserving the Luxury Brand», *California Management Review*, 1 de novembro de

2009, acedido a 25 de fevereiro de 2018, http://cmr.berkeley.edu/search/articleDetail.aspx?article=5538.

Binkley, Christina, «At Luxury Stores, It Isn't Shopping, It's an Experience», *Wall Street Journal,* 16 de abril de 2017, acedido a 25 de fevereiro de 2018, https://www.wsj.com/articles/at-luxury-stores-it-isnt-shopping-its-an-experience-1492394460.

Clark, Evan, «Louis Vuitton x Supreme: A 100M Euro Boost for Skate Brand's Luxe Cred», *WWD,* 13 de outubro de 2017, acedido a 25 de fevereiro de 2018, http://wwd.com/business-news/financial/louis-vuitton-supreme-carlyle-100m-skate-brand-luxury-11026636/.

Danziger, Pamela N., «Luxury Brands Innovation Is No Luxury, but a Necessity», *Forbes,* 8 de agosto de 2017, acedido a 25 de fevereiro de 2018, https://www.forbes.com/sites/pamdanziger/2017/08/08/luxury-brands-innovation-is-no-luxury-but-a-necessity/2/#4876cf-9c4be5.

Doupnik, Elizabeth, «2018 Retail Predictions: AI, Experiences, Pricing Transparency to Increase», *WWD,* 4 de dezembro de 2017, acedido a 25 de fevereiro de 2018, http://wwd.com/business-news/retail/edited-2018-retail-forecast-11062611/.

«Global Personal Luxury Goods Market Returns to Health Growth, Reaching a Fresh High of 262 Billion Euros in 2017», *Bain & Company,* 25 de outubro de 2017, acedido a 25 de fevereiro de 2018, http://www.bain.com/about/press/press-releases/press-release-2017-global-fall-luxury-market-study.aspx.

Halzack, Sarah, «American Luxury Brand Remember to Be Luxurious», *Bloomberg Gadfly,* 6 de novembro de 2017, acedido a 25 de fevereiro de 2018, https://www.bloomberg.com/gadfly/articles/2017-11-06/michael-kors-earnings-luxury-wins-by-being-luxurious.

Han, Young Jee, Joseph C. Nunes, e Xavier Drèze, «Signaling Status with Luxury Goods: The Role of Brand Prominence», *Journal of Marketing,* julho de 2010, acedido a 25 de fevereiro de 2018, http://journals.ama.org/doi/abs/10.1509/jmkg.74.4.15?code=amma-site.

Howland, Daphne, «Coach Rebrands as 'Tapestry,'» *Retail Dive,* 12 de outubro de 2017, acedido a 25 de fevereiro de 2018, http://www.retaildive.com/news/coach-rebrands-as-tapestry/507146/.

Kapferer, J. N., *Kapferer on Luxury: How Luxury Brands Can Grow Yet Remain Rare* (*Philadelphia: Kogan Page Publishers,* 2015).

Milnes, Hilary, «How China's Luxury E-Commerce Market Will Evolve in 2018», *Glossy*, 15 de dezembro de 2017, acedido a 26 de fevereiro de 2018, http://www.glossy.co/year-in-review/how-chinas-luxury-e-commerce-market-will-evolve-in-2018.

Paton, Elizabeth, «Imagining the Retail Store of the Future», *New York Times*, 12 de abril de 2017, acedido a 26 de fevereiro de 2018, https://www.nytimes.com/2017/04/12/fashion/store-of-the-future.html.

———, «Europe's Luxury Retailers May be Returning to Form», *New York Times*, 28 de julho de 2017, acedido a 25 de fevereiro de 2018, https://www.nytimes.com/2017/07/28/business/luxury-brands-europe-gucci-lvmh.html.

———, «LVMH and the Next Big Digital Shopping Experience», *New York Times*, 10 de maio de 2017, acedido a 25 de fevereiro de 2018, https://www.nytimes.com/2017/05/10/fashion/lvmh-ian-rogers-24-sevres-takes-on-amazon.html.

Puleo, Melissa, «The Secret Rise of Digital Strategy for Luxury Brands», *Decoded: Con- temporary Commerce*, 24 de outubro de 2017, acedido a 25 de fevereiro de 2018, https://www.salsify.com/blog/digital-strategy-for-luxury-brands.

Salpini, Cara, «Study: Gen Z More Likely Than Millennials to Buy Luxury Brands»,

Retail Dive, 7 de julho de 2017, acedido a 25 de fevereiro de 2018, https://www.retaildive.com/news/study-gen-z-more-likely-than-millennials-to-buy-luxury-brands/446623/.

Sherman, Lauren, «Marc Jacobs to Close London Store and Other European Outposts»,

The Business of Fashion, 5 de janeiro de 2018, acedido a 25 de janeiro de 2018, https://www.businessoffashion.com/articles/news-analysis/marc-jacobs-to-close-london-store-and-other-european-outposts.

Smith, Katie, «The Retail Landscape in 2018», *Edited*, 21 de dezembro de 2017, acedido a 26 de fevereiro de 2018, https://edited.com/blog/2017/12/retail-trends-of-2018/.

Thomas, Lauren, «Michael Kors Hikes 2018 Outlook, Sending Shares of the Handbag Maker Higher», *CNBC*, 6 de novembro de 2017, acedido a 25 de fevereiro de 2018, https://www.cnbc.com/2017/11/06/michael-kors-hikes-2018-outlook-sending-luxury-retailers-shares-up.html.

Wahba, Phil, «Coach Thinks Outside the Bag», *Fortune,* 24 de maio de 2017, acedido a 25 de fevereiro de 2018, http://fortune.com/2017/05/24/coach-victor-luis-stuart-vevers/.

Capítulo 6

Baird-Remba, Rebecca, «Are Off-Price Retailers Truly Amazon--Proof?» *Commercial Observer,* 7 de dezembro de 2017, acedido a 26 de fevereiro de 2018, https://commercialobserver.com/2017/12/are-off-price-retailers-truly-amazon-proof/.

Bhattarai, Abha, «Will Millennials Kill Costco?» *Washington Post,* 19 de janeiro de 2018, acedido a 25 de fevereiro de 2018, https://www.washingtonpost.com/business/economy/will-millennials-killcos-tco/2018/01/19/d0de5dec-fb9e-11e7-a46ba3614530bd87_story.html?utm_term=.23ee0ccd9277.

Bloomberg, «The TJ Maxx Strategy: How One Huge American Retailer Ignored the Internet and Won», *The Business of Fashion,* 21 de dezembro de 2016, acedido a 25 de fevereiro de 2018, https://www.businessoffashion.com/articles/news-analysis/how-one-huge-american-retailer-ignored-the-internet-and-won.

Cuozzo, Steve, «The Complex Economics of NYC's Food Hall Glut», *New York Post,* 18 de janeiro de 2018, acedido a 25 de fevereiro de 2018, https://nypost.com/2018/01/18/the-complex-economics-of-nycs-food-hall-glut/.

Estes, Diane Lincoln, «In the Age of Amazon, an Entrepreneur Explains What Will Make Us Want to Go to the Store», *PBS NewsHour,* 24 de Agosto de 2017, acedido a 25 de fevereiro de 2018, https://www.pbs.org/newshour/economy/age-amazon-entrepreneur-explains-will-make-us-want-go-store.

Filloon, Whitney, «Eataly Eyes IPO in 2018», *Eater,* 11 de dezembro de 2017, acedido a 25 de fevereiro de 2018, https://www.eater.com/2017/12/11/16762716/eataly-ipo-2018.

———, «How Eataly Became an Italian Food Superpower», *Eater,* 30 de outubro de 2017, acedido a 25 de fevereiro de 2018, https://www.eater.com/2016/8/12/12442512/eataly-history-store-locations.

Gibson, Ellen, «Hidden Treasures Drive Impulse Buys: Surprises in Stores Lure Customers to Spend More», *Boston.com*, 6 de julho de 2011, acedido a 25 de fevereiro de 2018, http://archive.boston.com/business/articles/2011/07/06/hidden_treasures_drive_impulse_buys/.

Howland, Daphne, «Costco 'Destroys' November with Massive Sales Surge», *Retail Dive*,

30 de novembro de 2017, acedido a 25 de fevereiro de 2018, https://www.retaildive.com/news/costco-destroys-november-with-massive-sales-surge/511990/.

———, «Costco Sales Soar 14.3% in December», *Retail Dive*, 5 de janeiro de 2018, acedido a 25 de fevereiro de 2018, https://www.retaildive.com/news/costco-sales-soar-143-in-december/514141/.

Kestenbaum, Richard, «Soaring Off-Price Retail Chains May Be Set for a Fall», *Forbes*, 15 de novembro de 2017, acedido a 25 de fevereiro de 2018, https://www.forbes.com/sites/richardkestenbaum/2017/11/15/the-off-price-business-is-more-troubled-than-it-looks/#26ffa9ed1554.

Kowitt, Beth, «Is T.J. Maxx the Best Retail Store in the Land?» *Fortune*, 24 de julho de 2014, acedido a 25 de fevereiro de 2018, http://fortune.com/2014/07/24/t-j-maxx-the-best-retail-store/.

Mahoney, Sarah, «Buoyed by Instacart, Costco Seems Amazon-Proof», *Marketing Daily*,

18 de dezembro de 2017, acedido a 25 de fevereiro de 2018, https://www.mediapost.com/publications/article/311803/buoyed-by-instacart-costco-seems-amazon-proof.html.

Meyrowitz, Carol, «How I Did It: The CEO of TJX on How to Train», *Harvard Business Review*, maio 2014, Reedição R1405A.

Milnes, Hilary, «How Tech in Rebecca Minkoff's Fitting Rooms Tripled Expected Clothing Sales», *Digiday*, 25 de setembro de 2015, acedido a 25 de fevereiro de 2018, https:// digiday.com/marketing/rebecca-minkoff-digital-store/.

———, «Rebecca Minkoff Uses VR for Planning Stores», *Glossy*, 30 de novembro de 2017, acedido a 25 de fevereiro de, 2018, http://www.glossy.co/store-of-the-future/rebecca-minkoff-uses-vr-for-planning-stores.

Nassauer, Sarah, «How Kirkland Signature Became One of Costco's Biggest Success Stories», *Wall Street Journal*, 10 de setembro de 2017, acedido a 25 de fevereiro de 2018, https:// www.wsj.com/articles/

how-kirkland-signature-became-one-of-costcos-biggest-success-stories-1505041202.

O'Connor, Clare, «No Trick, Just Treat: Halloween Pop-Ups Now Account for Half Spencer Gifts' Annual Sales», *Forbes*, 11 de outubro de 2013, acedido a 25 de fevereiro de 2018, https://www.forbes.com/sites/clareoconnor/2013/10/11/no-trick-just-treat-halloween-pop-ups-now-account-for-half-spencer-gifts-annual-sales/#48baf6ff317a.

Pasquarelli, Adrianne, «How TJX Crafted a Winning Marketing Playbook», *Adage*, 23 de maio de 2016, acedido a 25 de fevereiro de 2018, http://adage.com/article/cmo-strategy/award-find-retailer-winning/304117/.

Salpini, Cara, «30 Minutes with Sephora's Head of Marketing», *Retail Dive*, 29 de novembro de 2017, acedido de 25 de fevereiro de 2018, https://www.retaildive.com/news/30-minutes-with-sephoras-head-of-marketing/510300/.

———, «Will Amazon Give Beauty a Makeover?» *Retail Dive*, 11 de janeiro de 2018, acedido a 25 de fevereiro de 2018, https://www.retaildive.com/news/will-amazon-give-beauty-a-makeover/514544/.

Thomas, Lauren, «Pop-Up Shop Pioneer Spirit Halloween Is Hitting the Mall as More Retailers Vacate», *CNBC*, 5 de outubro de 2017, acedido a 25 de fevereiro de 2018, https://www.cnbc.com/2017/10/05/halloween-pop-up-shops-expand-us-footprint-other-retailers-vacate.html.

Twilley, Nicola, e Cynthia Graber, «A Glimpse into the World's First Italian-Food Theme Park», *The Atlantic*, 23 de outubro de 2017, acedido a 26 de fevereiro de 2018, https://www.theatlantic.com/science/archive/2017/10/eataly-future-of-supermarkets/543678/.

Wells, Jeff, «Costco's Strong Q1 Earnings Prove It's Still Amazon-Proof», *Retail Dive*, 15 de dezembro de 2017, acedido a 25 de fevereiro de 2018, https://www.retaildive.com/news/costcos-strong-q1-earnings-prove-its-still-amazon-proof/513185/.

Yohn, Denise Lee, «Big-Box Retailers Have Two Options If They Want to Survive», *Harvard Business Review*, 22 de junho de 2016, acedido a 26 de fevereiro de 2018, https://hbr.org/2016/06/big-box-retailers-have-two-options-if-they-want-to-survive.

Conclusão

Fernandez, Chantal, «J.Crew, Gap, Abercrombie & Fitch: The Trouble with America's Most Beloved Mall Brands», *The Business of Fashion,* 9 de janeiro de 2017, acedido a 25 de fevereiro de 2018, https://www.businessoffashion.com/articles/intelligence/gap-j-crew-abercrombie-trouble-americas-mall-brands.

Ruff, Corinne, «7 Retail Execs Envision the Future of Stores», *Retail Dive,* 13 de fevereiro de 2018, acedido a 25 de fevereiro de 2018, https://www.retaildive.com/news/7-retail-execs-envision-the-future-of-stores/516795/.

Wahba, Phil, «Gap Inc. Is Closing 200 Stores but Opening 270 New Ones», *Fortune,* 6 de setembro de 2017, acedido a 25 de fevereiro de 2018, http://fortune.com/2017/09/06/gap-inc-banana-republic-old-navy/.

———, «Macy's Sales Decline for the 10th Straight Quarter», *Fortune,* 10 de Agosto de 2017, acedido a 25 de fevereiro de 2018, http://fortune.com/2017/08/10/macys-sales-decline-2/.

Apêndice

Ruff, Corinne, «7 Retail Execs Envision the Future of Stores», *Retail Dive,* 13 de fevereiro de 2018, acedido a 24 de fevereiro de 2018, https://www.retaildive.com/news/7-retail-execs-envision-the-future-of-stores/516795/.

Índice remissivo

Nota: números de páginas em itálico referem-se a figuras ou tabelas.

M

Sobre a autora

Barbara E. Kahn é Professora de Marketing na Patty and Jay H. Baker da Escola Wharton, na Universidade da Pensilvânia. Cumpriu dois mandatos enquanto de diretora do Centro de Retalho Jay H. Baker. Antes de regressar à Wharton, em 2011, Barbara foi reitora e Professora Schein de Marketing na Escola de Gestão e Administração, na Universidade de Miami (de 2007 a 2011). Antes de se tornar reitora na UM, passou 17 anos na Wharton enquanto Professora Silberberg de Marketing. Também foi vice-reitora do programa universitário de Wharton.

Barbara é uma académica internacionalmente reconhecida na área do retalho, busca de variedade, fidelização à marca, gama e design de produto e tomada de decisão paciente do consumidor. Publicou mais de 75 artigos em jornais académicos de referência. Além de *A Revolução nas Compras*, é autora de *Global Brand Power: Leveraging Branding for Long-Term Growth* e coautora de *Grocery Revolution: The New Focus on the Consumer*.

Barbara foi eleita presidente da Association for Consumer Research (Associação para a Pesquisa do Consumidor), presidente do Quadro de Políticas do *Journal of Consumer Research* (*JCR*) e selecionada como administradora do Instituto de Ciência de Marketing. Foi também editora associada na *JCR*, no *Journal of Marketing* e na *Marketing Science*. Recentemente foi eleita membro tanto da Association of Consumer Research como da Society of Consumer Psychology (Sociedade para a Psicologia do Consumo).

Barbara concluiu o doutoramento, MBA e MPhil na Universidade de Columbia, e o bacharelato na Universidade de Rochester.

Sobre a Escola Wharton

Fundada em 1881 como a primeira escola de gestão colegial, a Escola Wharton da Universidade da Pensilvânia é reconhecida globalmente pela liderança intelectual e inovação permanente em todas as disciplinas principais do ensino empresarial. Com uma comunidade global alargada e uma das faculdades de gestão mais publicadas, a Wharton cria valor económico e social pelo mundo inteiro. Tem 5 mil alunos, entre MBA, MBA executivo e alunos de doutoramento; mais de 9 mil participantes em programas de ensino executivo anualmente e uma rede poderosa de antigos estudantes de 96 mil licenciados.

http://wdp.wharton.upenn.edu/